DBV

Das Senioren-Jahr

24 Modelle für gesellige Treffen
Beschäftigungstherapeutische Anleitungen

Iris Frank

Don Bosco Verlag

CIP-Kurztitelaufnahme der Deutschen Bibliothek

Frank, Iris:
Das Senioren-Jahr: 24 Modelle für gesellige Treffen, beschäftigungstherapeutische Anleitungen/
Iris Frank. – 1. Aufl. – München:
Don Bosco Verlag, 1983.
ISBN 3-7698-0492-9

1. Auflage 1983 / ISBN 3-7698-0492-9

Umschlagfoto: Süddeutsche Zeitung-Bilderdienst, München
Grafiken von der Verfasserin und von Adolf Böhm, Aschheim, nach Vorlagen der Autorin

Herstellung: Druckhaus Hermann Oeben GmbH, Krailling

Inhaltsübersicht

11 Vorwort
11 Einleitung

Seite	**Monat**	**Thema**	**Gedächtnistraining**
13	Januar	1. Kalender (Neujahr)	Jahreszeiten
17		2. Steine	Geflügelte Worte
19	Februar	3. Fahnen (Fasching)	Flaggenparade
23		4. Stoffe und Kleider	Ein Koffer wird gepackt
27	März	5. Frühling	Sprichwörter
30		6. Kreuz	Kreuzformen
33	April	7. Ei (Ostern)	Rund um das Ei
36		8. Gefäße	Redewendungen
39	Mai	9. Blumen	Blumenschau
42		10. Vögel	Alle Vögel fliegen hoch
45	Juni	11. Sonne	Wortpaare
48		12. Perlen	Kleine Perlenkunde

Sinnentraining	Werkarbeit	
Prosit Neujahr! (Geschmackstest)	Wir basteln einen Kalender (Papierbatik)	Lieder zum Thema – Literarische und religiöse Bezüge
Kim (Seh-Kombinationstest)	Wir bemalen Steine	
Geräuscheraten (Hörtest)	Wir stellen eine Faschings- dekoration zusammen (Falten)	
Stoffproben (Tastübung)	Wir weben Frühstücksdeckchen (Durchzugsarbeit)	
Tierlauteraten (Hörtest)	Wir läuten den Frühling ein (Tonglocken, Bastzöpfe)	
Tangram (Seh-Kombinationstest)	Wir setzen ein Segenskreuz zusammen (Korkmosaik)	
Was hat sich verändert (Wahrnehmungsübung)	Wir verzieren Ostereier	
Gefäßformen (Tastübung)	Wir verkleiden Joghurtbecher mit Moltofill	
Düfte (Geruchstest)	Wir lassen Tauchlackblumen blühen	
Lieder- oder Vogelstimmenraten (Hörtest)	Wir fertigen ein Vogelmobile aus Tonpapier	
Erfrischungen (Geschmackstest)	Wir brennen Schmelzolan- scheiben	
Zahlensalat (Farb-Konzentrationstest)	Wir stellen Perlenuntersetzer her	

Seite	**Monat**	**Thema**	**Gedächtnistraining**
51	Juli	13. Feste feiern	Festkalender
56		14. Fische	Leben unter Wasser
61	August	15. Bunte Sträuße	Doppelsinnsätze
65		16. Handwerker	Von A – Z
69	September	17. Obst	Bilderrätsel
72		18. Samen, Kerne, Körner	Endloswörter
74	Oktober	19. Brot (Erntedank)	Tischgebete
77		20. Post	Aufgaben der Post
81	November	21. Laternen	Gegensatzwörter
84		22. Kerzen (Advent)	Rätselraten
89	Dezember	23. Sterne	Sternbilder
93		24. Christbaum (Weihnachten)	Baumschmuck

<table>
<tr><th>Sinnentraining</th><th>Werkarbeit</th><th></th></tr>
<tr><td>Suchbilder
(Seh-Kombinationstest)</td><td>Wir bedrucken Servietten
(Kartoffeldruck)</td><td rowspan="12">Lieder zum Thema –
Literarische und religiöse Bezüge</td></tr>
<tr><td>Zaubertrick
(Wahrnehmungsübung)</td><td>Wir prägen Kupferfolie (Buch-
zeichen, Streichholzschachteln)</td></tr>
<tr><td>Instrumenteraten
(Hörtest)</td><td>Wir binden einen Blumenstrauß
(Applikationen)</td></tr>
<tr><td>Beruferaten
(Erkennungsspiel)</td><td>Wir arbeiten mit Wäscheklam-
mern (Servietten-, Briefständer)</td></tr>
<tr><td>Obsteinkauf
(Tastübung)</td><td>Wir kleben einen Obstbaum aus
Buntpapier (Reißarbeiten)</td></tr>
<tr><td>Gewürze
(Geruchstest)</td><td>Wir belegen Spandosen mit
Samenkörnern</td></tr>
<tr><td>Brotzeit
(Geschmackstest)</td><td>Wir kneten Backwaren</td></tr>
<tr><td>Päckchen aus aller Welt
(Erkennungsspiel)</td><td>Wir entwerfen Briefkarten
(Schablonendruck)</td></tr>
<tr><td>Drehscheibe
(Farbtest)</td><td>Wir lassen Ampeln aufleuchten
(Glasmosaik)</td></tr>
<tr><td>Puzzle
(Seh-Kombinationstest)</td><td>Wir verzieren Kerzen
(Wachsapplikation)</td></tr>
<tr><td>Abendschau
(Wahrnehmungsübung)</td><td>Wir sticken Sterne
(Fadengrafik)</td></tr>
<tr><td>Weihnachtsliederraten
(Hörtest)</td><td>Wir schmücken unseren Baum
(Metallfolie, Ramieband)</td></tr>
</table>

Foto: HERZOG/present

Vorwort

Mit der Herausgabe einer Anleitung zur Beschäftigungstherapie entspreche ich der Bitte zahlreicher Teilnehmer der Schulkonferenz Hessischer Lehranstalten für Altenpflege, denen ich mein Therapieprogramm anläßlich einer Tagung im Franziska-Schervier-Altenpflegeheim in Frankfurt am Main vorstellen konnte.

Auch von den Stationsschwestern dieses Hauses und den Schülerinnen der angegliederten Altenpflegeschule wurde ich mehrfach um eine schriftliche Zusammenfassung meiner therapeutischen Tätigkeit gebeten.

Mit meiner Veröffentlichung wende ich mich zugleich an den großen Kreis der Pfleger und Pflegerinnen, die mit der Aktivierung und Rehabilitation alter oder stark behinderter Menschen betraut sind.

Ich habe mich bemüht, die Arbeitsabläufe so ausführlich zu beschreiben, daß sie auch von Schülerinnen oder Praktikantinnen ohne besondere Vorbildung nachvollzogen werden können. Auf diese Weise möchte ich auch dort eine therapeutische Arbeit ermöglichen, wo dies mangels Zeit oder qualifizierter Pflegekräfte bislang unterbleiben mußte.

Mein besonderer Dank gilt den Heimbewohnern des Franziska-Schervier-Altenpflegeheims, die mir durch ihre freundliche Mitarbeit geholfen haben, meine Ideen in der Praxis zu erproben und ein wirkungsvolles Therapieprogramm zu entwickeln.

Einleitung

Mit Freude stelle ich fest, daß der Beschäftigungstherapie in der Altenpflege mit zunehmendem Maße der Platz eingeräumt wird, der ihr nach den positiven Erfahrungen zukommt, die ich in den letzten Jahren machen konnte.
Beschäftigungstherapie ist kein Anhängsel medizinischer Behandlung oder praktischer Krankenpflege, sondern gleichberechtigter Heilfaktor!

Ziel meiner Therapiearbeit sind die Aktivierung und Rehabilitation des alternden Menschen, wobei ein Höchstmaß an körperlichem, geistigem und seelischem Wohlbefinden bei den Betroffenen erreicht werden soll.

Zu diesem Zweck habe ich eine – wie ich sie nenne – „Ganzheitliche Methode" entwickelt, die vier Arbeitseinheiten je Gruppenstunde umfaßt und diese unter ein gemeinsames Thema stellt.

1. **Gedächtnisübung**
   Fragen zum Thema
   Ratespiele
2. **Sinnentraining**
   Tast-, Hör-, Geruchs-, Geschmacks-, Sehtest
   Wahrnehmungs- und Erkennungsspiele
3. **Geschicklichkeitsübungen**
   Einfache Werkarbeit aus verschiedenen Materialien
4. **Emotionelle Aufmunterung**
   Gesang
   Instrumentalmusik
   Literarische und religiöse Bezüge

Aus einer Vielzahl von Themen, die sich zur Programmgestaltung anbieten, habe ich 24 Vorschläge ausgewählt, die unter besonderer Berücksichtigung des Festkalenders einen Gang durch die Jahreszeiten darstellen. Wegen ihrer einfachen und ungefährlichen Arbeitsabläufe sind sie – wie ich praktisch erproben konnte – auch für behinderte Teilnehmer gut geeignet.
Bei geringerer Belastbarkeit oder zeitlicher Beschränkung können die Themen beliebig verkürzt werden.

Es ist sinnvoll, die Lieder als auflockerndes Element – möglichst mit Gitarrenbegleitung – über die ganze Gruppenstunde zu verteilen und die verschiedenen Arbeitseinheiten so zu koordinieren, daß bei Werkarbeiten, die mehrere Arbeitsvorgänge erfordern, keine unnötigen Wartepausen entstehen.
Um sichere Fortschritte durch die beschäftigungstherapeutische Arbeit zu erzielen, sollte eine Therapiegruppe nicht mehr als sechs Teilnehmer umfassen und mindestens zweimal im Monat zusammenkommen. Bei einem größeren Teilnehmerkreis kann dem einzelnen nicht mehr genügend Aufmerksamkeit geschenkt werden, und die Fertigstellung einer Werkarbeit – die als Erfolgserlebnis wichtiger Bestandteil jeder Gruppenstunde ist – wird in Frage gestellt. Auch die Entstehung menschlicher Kontakte, durch die die Solidarität und die Resozialisation der Teilnehmer gefördert werden sollen, wird in einer zu großen Gruppe stark erschwert.

Wichtige Voraussetzung für eine fruchtbare Therapiearbeit ist darüber hinaus der freiwillige und regelmäßige Besuch aller Teilnehmer. Dieser läßt sich nach meinen Erfahrungen nur durch wiederholt herzliche Einladungen und eine abwechslungsreiche Programmgestaltung erreichen. Langweilendes und lustloses Verhalten auf seiten des Therapeuten führt zu Desinteresse bei den Besuchern und schließlich zu deren Fernbleiben.

Wer effektiv arbeiten will, muß sich auf jede Gruppenstunde gründlich und fachgerecht vorbereiten.
Er muß mit ganzem Herzen bei der Sache sein!

Januar

Thema 1: KALENDER (Neujahr)

a) Warum gibt es einen Kalender?
Welche verschiedenen Kalendereinteilungen kennen Sie?
Was versteht man unter Jahreszeiten? (Abbildungen)
b) Prosit Neujahr! (Getränketest)
c) Wir basteln einen Kalender (Papierbatik)
d) Lieder zum Thema
Gedichte und Bräuche zum Neuen Jahr

Zu a)

Warum gibt es einen Kalender?

Zur Einteilung großer Zeitabschnitte mit Hilfe astronomischer Abläufe. Die wichtigen Zeiteinheiten sind dabei Tag, Monat, Jahr. Da das Jahr (Sonnenjahr = ein Umlauf der Erde um die Sonne) aber nicht genau 365, sondern 365,24220 Tage umfaßt, gibt es die verschiedensten Kalendereinteilungen mit Schalttagen, die auch an unterschiedlichen Zeitpunkten im Jahr beginnen. Das Wort Kalender kommt vom lateinischen calendae = erster Tag des altrömischen Monats.

Welche verschiedenen Kalendereinteilungen kennen Sie?

- Babylon/Ägypten (4241 v. Chr.):
  von Priester-Astronomen nach Mond- und Sonnenphasen eingeteilt, bei Erscheinen des Siriussterns im Osten mit Hochwasser des Nil im Juni beginnend.
- Indischer Kalender (3761 v. Chr.):
  nach Mondphasen eingeteilt, mit Monaten von 29 und 30 Tagen, 7 Schaltmonate in 19 Jahren.
- Hinweise auf uralte Kalender in Europa finden sich in Frankreich (Bretagne) und England (Stonehenge), wo Felsalleen als Maßstab zur Einteilung des Sonnenlichts benutzt wurden.
- Julianischer Kalender (46 v. Chr.), von Julius Caesar eingeführt:
  Er beseitigt die Einteilung nach Mondphasen und berechnet das Sonnenjahr mit 365,25 Tagen; Monatslängen 30 und 31 Tage, Februar erstmals 28 Tage, alle vier Jahre ein Schaltjahr. Der Jahresbeginn wird vom 1. März auf den 1. Januar (Gründung Roms) verlegt.
- Der mohammedanische Kalender beginnt 622 n. Chr. mit der Flucht Mohammeds von Mekka nach Medina.

- Gregorianischer Kalender (1582 n. Chr.): Er beseitigt die bis zum 16. Jahrhundert aufgelaufene Fehlzeit von 10 Tagen und verbessert den Jahresdurchschnitt auf 365,2425 Tage pro Jahr.
- Französischer Revolutionskalender (1793–1805): zwölf neu benannte Monate, alle mit 30 Tagen, Schaltjahre mit zusätzlich fünf bis sechs Tagen.
- Heutiger „christlicher Kalender": Nach gregorianischem Muster seit Christi Geburt zählend, Schaltjahre so günstig eingebaut, daß erst in 3000 Jahren der Kalender wieder um 1 Tag nicht stimmt.
- Der Hundertjährige Kalender stammt von einem Zisterzienser-Abt aus dem 17. Jahrhundert (Wettervoraussage).

Was versteht man unter Jahreszeiten?
Jahreszeiten sind die vier Zeiträume Frühling, Sommer, Herbst und Winter, in die das Sonnenjahr je nach Stellung der Erde in ihrer Bahn um die Sonne eingeteilt wird.
Frühling: Beginn 20./21. März, Dauer 91 Tage, 21 Stunden
Sommer: Beginn 21./22. Juni, Dauer 93 Tage, 14 Stunden
Herbst: Beginn 22./23. September, Dauer 89 Tage, 18 Stunden
Winter: Beginn 21./22. Dezember, Dauer 89 Tage, 1 Stunde.
Ihren unterschiedlichen Charakter erhalten sie durch die Neigung der Erdachse um 66½Grad.
Es werden Bilder (evtl. Poster) gezeigt, auf denen die Jahreszeiten gut zu erkennen sind, und die unterschiedlichen Merkmale herausgearbeitet.

Zu b)
Prosit Neujahr! (Getränketest)
In undurchsichtigen Bechern werden verschiedene Getränke angeboten, die nur nach ihrem Geschmack erraten werden müssen, z. B.: Wasser, Wein, Sekt, Bier, Apfelsaft, Traubensaft, Kaffee, Tee. Es sollen immer nur ganz kleine Schlucke genommen werden. Auf alkoholische Getränke ist evtl. ganz zu verzichten!

Zu c)
Wir basteln einen Kalender (Papierbatik)
Zu diesem Zweck haben wir uns einen Blanko-Kalender besorgt, der so groß ist, daß wir jedes Monatsblatt des neuen Jahres mit einer Papierbatik in Postkartengröße ausschmücken können.

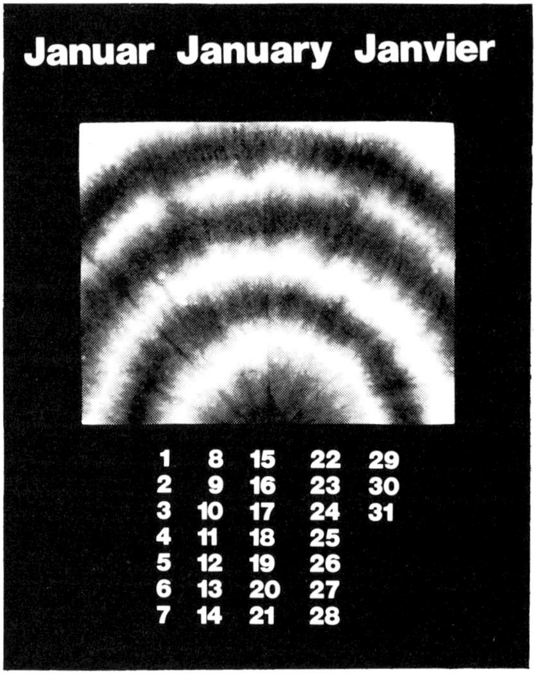

Ist der Kalender weißgrundig, läßt sich die Batik direkt auf das Kalenderblatt kleben. Bei farbigem Hintergrund sollte sie vorher auf eine weiße Postkarte aufgezogen und dann aufgeklebt oder mit den vier Ecken eingesteckt werden.

Material: Japanseidenpapier
- Stoffbatikfarbe/Behälter, z. B. Joghurtbecher
- Pinsel
- Zeitungspapier zum Abdecken des Arbeitsplatzes
- Lappen
- Bügeleisen
- Uhu, evtl. weiße Postkarten

Technik:
Das Japanseidenpapier (Postkartengröße) wird nach den angegebenen Methoden gefaltet und anschließend nacheinander in mehrere Farbbäder eingetaucht oder mit einem Pinsel von der Spitze her mit verschiedenen Farben bestrichen. Es ist reizvoll, die Farben jahreszeitlich abzustimmen. Zum Abnehmen der überschüssigen Farbe sollte ein Lappen bereitliegen, in den das Ganze vor dem Auseinanderfalten ausgedrückt wird. Nach etwa 20 Minuten läßt sich das gebatikte Papier bei Baumwolltemperatur bügeln und aufkleben.

Faltmethode

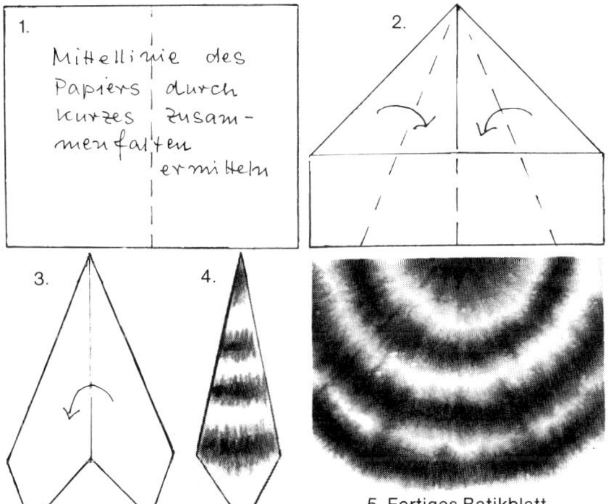

5. Fertiges Batikblatt

2.3. Die gegenüberliegenden Ecken zweimal zur Mittellinie hin falten.
An der Mittellinie nach hinten falten.

Zu c)
Lieder zum Thema:
Das alte Jahr vergangen ist.
Nun laßt uns gehn und treten.
Von guten Mächten wunderbar geborgen.
Hört, ihr Herrn, und laßt euch sagen.
Es war eine Mutter, die hatte vier Kinder (Jahreszeiten!).
O, wie ist es kalt geworden.
Und in dem Schneegebirge.
Freut euch des Lebens.

Neujahrsbräuche:
Bleigießen, Feuerwerk, Knallbonbons
Glücksbringer (Hufeisen, Kleeblatt, Schornsteinfeger, Glückspilz, Marienkäfer)

Neujahrslied

Mit der Freude zieht der Schmerz
traulich durch die Zeiten,
schwere Stürme, milde Weste,
bange Sorgen, frohe Feste
wandeln sich zur Seiten.

Und wo eine Träne fällt,
blüht auch eine Rose.
Schon gemischt, noch eh wir's bitten
ist für Throne und für Hütten
Schmerz und Lust im Lose.

War's nicht so im alten Jahr?
Wird's im neuen enden?
Sonnen wallen auf und nieder,
Wolken gehn und kommen wieder,
und kein Wunsch wird's wenden.

Gebe denn, der über uns
wägt mit rechter Waage,
jedem Sinn für seine Freuden,
jedem Mut für seine Leiden
in die neuen Tage.

Jedem auf des Lebens Pfad
einen Freund zur Seite,
ein zufriedenes Gemüte,
und zu stiller Herzensgüte
Hoffnung ins Geleite.

Johann Peter Hebel

Thema 2: STEINE

a) Welche Steine gibt es?
Wozu werden sie verwendet?
Geflügelte Worte
Sprechübung
b) Kim (Seh-Konzentrationstest)
c) Wir bemalen Steine
d) Lieder zum Thema
Märchen und religiöser Bezug

Zu a)

Welche Steine gibt es, und wozu werden sie verwendet?

- Bausteine: Marmor, Ziegelsteine, Sandsteine, Mosaiksteine, Grundstein, Eckstein, Schlußstein
- ums Haus: Steingarten, Randsteine, Pflastersteine, Grenzsteine
- im Haus: Bimsstein, Bettstein (Wärmestein), Spülstein, Feuerstein, Steingut(geschirr), Mühl(Mahl)stein, Wetzstein, Schleifstein
- angenehme Steine: Zuckersteine (Bonbons), Salzsteine (Ziegen), Edelsteine (z. B. Rubin, Smaragd, Saphir, Diamant), Halbedelsteine (z. B. Türkis, Amethyst, Lapislazuli, Mondsteine – auch echtes Mondgestein!), Spielsteine (Würfel), Brettsteine, Gewichtssteine (10 kg, 5 kg, 1 kg, 500 g ...)
- unangenehme Steine: Nierensteine, Gallensteine, Zahnstein, Prüfsteine, Marksteine, Stolpersteine, Grabsteine
- große Steine: Felsen
- kleine Steine: Sand

Geflügelte Worte:

- ein Tropfen auf den heißen Stein
- er steht da wie versteinert
- er hat ein Herz von Stein
- es fällt mir ein Stein vom Herzen
- es liegt mir wie ein Stein im Magen
- das Brot ist steinhart
- er heult zum Steinerweichen
- einen Steinwurf entfernt sein
- der Stein des Anstoßes
- anderen einen Stein in den Weg werfen (legen)
- wie ein Stein schlafen

Sprechübung:

Ein stolzer Student stolperte mit frisch gewichsten Stiefeln über einen spitzen Stein (einzeln nachsprechen lassen!).

Zu b)

Kim

Sechs Gegenstände (z. B. Schere, Schlüssel, Streichholzschachtel, Bleistift, Spitzer, Radiergummi) werden auf einem Tablett ausgebreitet. Hinter dem Rücken der Zuschauer werden mehrmals einige Gegenstände davon entnommen, andere wieder hingelegt. Es ist zu beachten, welche Gegenstände ausgetauscht wurden bzw. fehlen.

Zu c)

Wir bemalen Steine

Material: Gesammelte Steine (nicht zu klein, glatt, sauber, trocken)

Plaka-Farbe
Pinsel
Behälter mit Wasser
Plaka-Lack
Lappen
Pinselreiniger
Zeitungspapier zum Abdecken

Technik:

Die Steine werden, je nach Form, entweder gleich mit mehreren Farben bemalt oder einfarbig grundiert. Ist der Untergrund nach etwa 15 Minuten getrocknet, kann ein Muster in einer anderen Farbe aufgemalt werden. Nach einer weiteren halben Stunde ist es möglich, den bemalten Stein mit Lack zu überziehen. Der dazu benutzte Pinsel muß sofort mit Pinselreiniger gesäubert werden, da er sonst nicht mehr zu gebrauchen ist.

Zu d)

Lieder zum Thema:

Wer will fleißige Handwerker sehn.
Nun ade, du mein lieb Heimatland.
Das Wandern ist des Müllers Lust. (Mahlstein)
Es klappert die Mühle am rauschenden Bach.
Üb immer Treu und Redlichkeit. (Grabstein)
Ich weiß nicht, was soll es bedeuten. (Fels)
Wer nur den lieben Gott läßt walten. (Sand)

Märchen: Hänsel und Gretel (Grimms Märchen)

Religiöser Bezug: David und Goliath
Jesus, der Fels (Eckstein, Grundstein)

Thema 3: FAHNEN (Fasching)

a) Wo hat der Fasching seinen weltlichen Ursprung?
Welche religiöse Bedeutung kommt ihm zu?
Welches Land hat welche Fahne? (Abbildungen)
Flaggenparade
b) Geräuscheraten (Hörtest)
c) Wir stellen eine Faschingsdekoration zusammen (bunte Papierfähnchen)
d) Lieder zum Thema
Fastnachtsgestalten
Gedanken zum Fasten und Beten

Zu a)

Weltlicher Ursprung:

Das Wort „Karneval" kommt von lat. carrus navalis = Schiffswagen. Es weist darauf hin, daß der Karneval ursprünglich ein Fest war, mit dem der Frühling begrüßt wurde, denn sobald die Flüsse wieder eisfrei waren, wurden die Schiffe auf einen Wagen geladen, zum Fluß gebracht, und unter großem Jubel der Bevölkerung wieder ins Wasser gelassen. Man hatte sie während des Winters bei den Häusern untergestellt.
Auch das Wort „Mummenschanz" läßt vermuten, daß es sich bei dem Karneval ursprünglich um ein Frühlingsfest handelte. Vermummte (maskierte) Menschen versuchten mit Tanz und Geschrei die bösen Wintergeister auszutreiben. Noch heute finden wir im Schwarzwald Überreste dieses Brauchtums.

Religiöse Bedeutung:

Mit Ausbreitung des Christentums versuchte man den heidnischen Festen christliche Inhalte zu geben. So wurde die ursprüngliche lateinische Bedeutung von Karneval (carrus navalis) volkstümlich umgedeutet in Vulgärlatein: carne vale = Fleisch leb wohl! Damit wollte man auf den Beginn der vorösterlichen Fastenzeit hinweisen.

Auch das Wort „Fastnacht" oder „Fasenacht" bezeichnet die Nacht vor Beginn der Fastenzeit, in der in ausgelassener Weise Abschied von den weltlichen Freuden genommen wurde. „Fasching" bedeutet „Fastenschank" oder „Fastentrunk", der bei diesen Feiern nie fehlen durfte.

Welches Land hat welche Fahne?
Fahnen sind Wahrzeichen der Macht oder einer Vereinigung von Menschen. Bevor wir bunte Faschingsfahnen für Prinz „Karneval“ und sein Narrenvolk entwerfen, wollen wir uns die Flaggen verschiedener Nationen ins Gedächtnis rufen. Wie sehen diese aus? Wodurch unterscheiden sie sich?

Flaggenparade: (Welche Fahne gehört zu welchem Land?)

Zu b)
Geräuscheraten (Hörtest)
In diesem Spiel geht es darum, Geräusche zu erkennen, ohne etwas von ihrer Entstehung zu sehen. Es ist deshalb zweckmäßig, die Geräusche während der Gruppenstunde vor der Tür des Therapieraumes zu erzeugen oder vorher auf Band aufzunehmen. In Frage kommen:
- Schritte auf dem Flur
- Klopfen an einer Tür
- Zuschlagen einer Tür
- Klappern mit Bestecken
- Zusammenschlagen von Topfdeckeln
- Öffnen einer Sprudelflasche
- Eingießen einer größeren Menge Wassers
- Einschlagen eines Nagels
- Staubsaugen
- Papierrascheln
- Telefonläuten
- Weckerrasseln
- Läuten eines Gongs oder einer Tischglocke
- Drehen einer Fastnachtsratsche

Zur besseren Themengestaltung ist es sinnvoll, das Geräuscheraten der Flaggenparade vorzuziehen und diese als Einleitung zum Werkteil zu benutzen.

Zu c)
Wir stellen eine Faschingsdekoration zusammen

Material: Buntes Plakatpapier
Kordel
dicke Filzstifte
Uhu
Zeitungspapier oder Plastikdecken zum Abdecken des Arbeitsplatzes

Technik:
Das bunt gemischte Plakatpapier wurde bereits vor der Gruppenstunde auf quadratische Blätter 20 × 20 cm zusammengeschnitten. Faltblätter dieser Größe gibt es auch zu je 100 Stück im Handel zu kaufen.
Um eine Fahne zu erhalten, werden zwei gegenüberliegende Ecken aufeinandergelegt und das Blatt in der Diagonalen geknickt. Da wir unsere Dekoration mit den Fastnachtsrufen „ALAAF“ und „HELAU“ ausstatten wollen, legen wir die entstandenen Dreiecke so vor uns hin, daß sie uns mit der Spitze anschauen und versehen jedes Dreieck mit einem dicken, großen Druckbuchstaben.

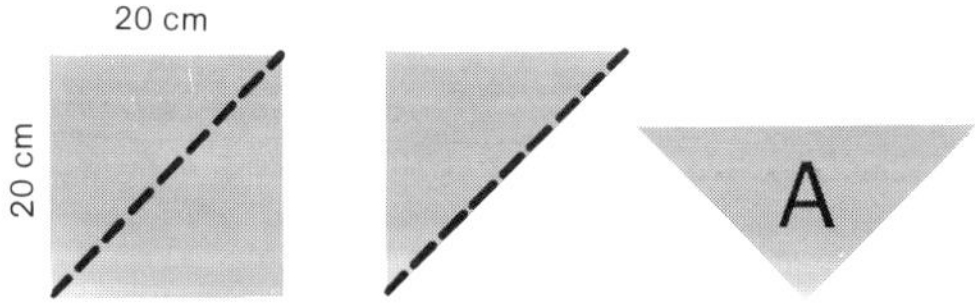

Die Anzahl der Dreiecke richtet sich nach der Länge der Dekoration, die gewünscht wird. Fünf Dreiecke in einem Abstand von 5 cm mit der Spitze nach unten auf eine Kordel (oder besser bunte Plastikleine) geklebt, ergeben eine Länge von 1,80 m. Bei 100 Faltblättern würde unsere

Dekoration also eine Länge von 36 Metern erreichen.
Beim Aufkleben der beschrifteten Dreiecke ist darauf zu achten, daß die Buchstaben in der richtigen Reihenfolge erscheinen: jeweils fünf nach der Vorderseite und fünf nach der Rückseite, abwechselnd ALAAF und HELAU.

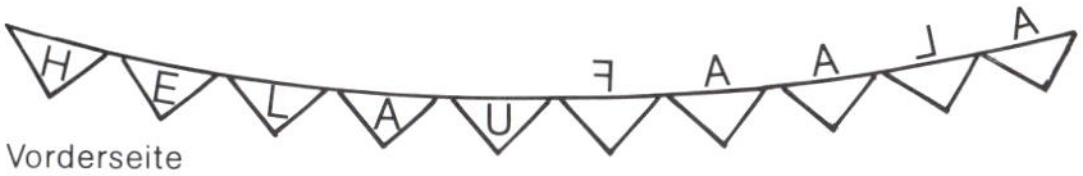

Vorderseite

In bunten Farben gemischt!

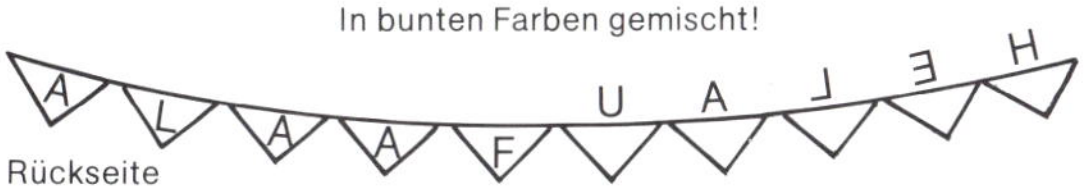

Rückseite

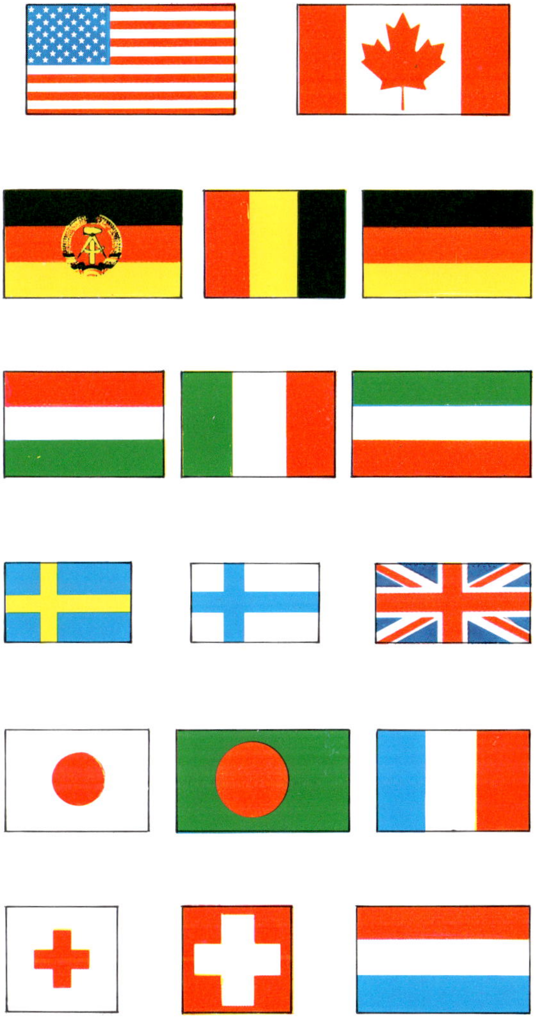

Zu d)

Lieder zum Thema:
Freut euch des Lebens.
Die Tiroler sind lustig.
Lustig ist das Zigeunerleben.
Es war einmal ein treuer Husar.
Zu Mainz am schönen Rhein.

Fastnachtsgestalten:
Hinweise auf bekannte Büttenredner oder Büttenreden, evtl. eigene Vorschläge zu einem Fastnachtsvortrag
Erinnerungen an alte Filme oder Operetten, in denen der Karneval eine Rolle spielt (z. B. Maske in Blau, Fledermaus ...)

Gedanken zum Fasten und Beten:
Das Fasten verschiedener biblischer Gestalten kann bedacht (z. B. 40 Tage von Moses, Elias und Jesus) oder auf die Fastengewohnheiten oder Fastenordnung der Kirche eingegangen werden.

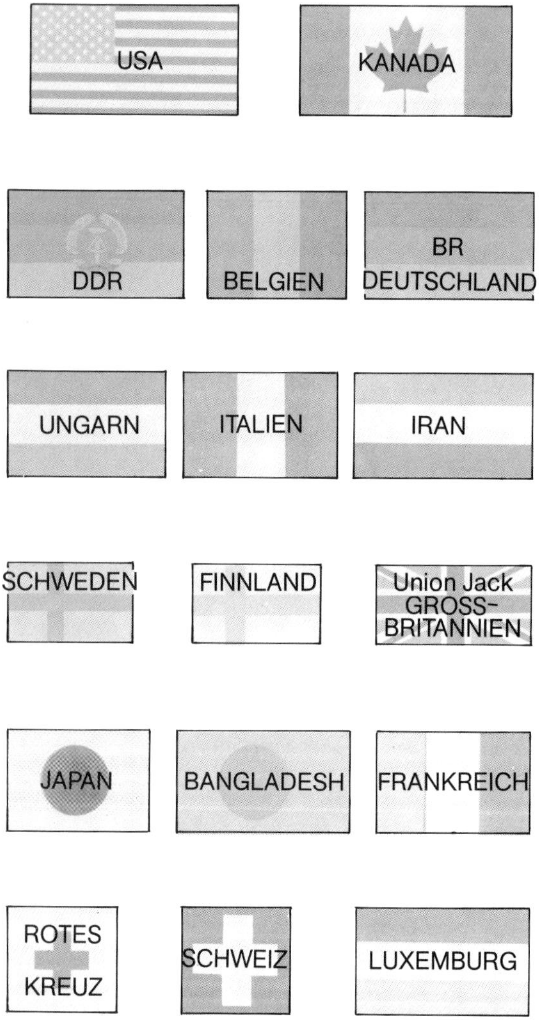
USA
KANADA
DDR
BELGIEN
BR
DEUTSCHLAND
UNGARN
ITALIEN
IRAN
SCHWEDEN
FINNLAND
Union Jack
GROSS-
BRITANNIEN
JAPAN
BANGLADESH
FRANKREICH
ROTES
KREUZ
SCHWEIZ
LUXEMBURG

Thema 4: STOFFE und KLEIDER

a) Woraus werden Stoffe gemacht?
Wie werden Stoffe hergestellt?
Welche Kleidungsstücke werden daraus gefertigt?
Ich packe meinen Koffer.
b) Stoffproben werden geprüft. (Tastübung)
c) Wir weben Frühstücksdeckchen. (Durchzugsarbeit)
d) Lieder zum Thema
Märchen und religiöser Bezug

Zu a)

Woraus werden Stoffe gemacht?

Seide (Seidenraupe)
Wolle (Schaf)
Angorawolle (Hase)
Baumwolle (Baumwollpflanze)
Leinen (Flachs)
Halbleinen (halb Baumwolle/halb Leinen)
Synthetiks (Kunstseide, Trevira, Acryl, Nylon, Perlon)

Wie werden Stoffe hergestellt?

Gesponnen
gewebt
gehäkelt
gestrickt
geknüpft.

Welche Kleidungsstücke werden daraus gefertigt?

Herren-, Damen-, Kinderartikel, Säuglingswäsche
Unterwäsche – Oberbekleidung
Sommerkleider – Winterkleider
Arbeitskleider – Festtagskleider (Hochzeit, Trauer ...)
Sportkleidung
Freizeitkleidung
Berufskleidung (Metzger, Bäcker, Schornsteinfeger ...)
Uniformen
Trachten im In- und Ausland
Vormittags-, Nachmittags-, Abendkleider
Schlafanzüge – Nachtgewänder
Talare, Roben

Ich packe meinen Koffer:

Ein Teilnehmer der Gruppenstunde geht auf Reisen. Er beginnt seinen Koffer zu packen. Jeder weitere Teilnehmer legt in Gedanken einen Gegenstand dazu, zählt aber vorher die Dinge auf, die alle schon genannt wurden. Wird ein Gegenstand vergessen, beginnt ein anderer Teilnehmer seinen Koffer zu packen, und das Spiel wiederholt sich.

Zu b)

Stoffproben werden untersucht (Tastübung)

Zu dieser Übung ist es nötig, kleinere Textilstükke (z. B. Taschentücher, Halstücher, Handschuhe usw.) verschiedenster Beschaffenheit (Seide, Wolle ...) mitzubringen und den Teilnehmern der Therapiestunde in die Hände zu geben, ohne daß diese sie sehen können. Es muß erfühlt werden, um welche Stoffart es sich handelt (Augen schließen oder unter einer Tischdecke tasten lassen).

Zu c)

Wir weben Frühstücksdeckchen

Material:

Kunstleder oder Wachstuch in kontrastierenden Farben

Uhu

Zeitungspapier oder Plastikdecke zum Abdekken des Arbeitsplatzes

Technik:

Zur Herstellung eines Frühstücksdeckchens wird ein Kunstleder- oder Wachstuchstück von der Größe 30 x 40 cm benötigt. Als Vorbereitung zur Werkarbeit wird dieses der Höhe nach mit zwanzig 2 cm breiten, parallel verlaufenden Einschnitten versehen, wobei oben und unten eine durchgehende Kante von 2 cm stehenbleiben muß. In einer kontrastierenden Farbe werden außerdem Streifen von 2 cm Breite und 40 cm Länge (11 – 12 Stück pro Deckchen) bereitgelegt.

Aufgabe der Gruppenstundenteilnehmer ist es dann, die losen Streifen webartig (wie beim Stopfen) durch die eingeschnittenen Teile zu ziehen und an den Rändern zu verkleben (Abb. 1).

So entsteht eine Karodecke, deren Kleberänder noch mit einem einfarbigen losen Streifen verdeckt werden können (Abb. 2).

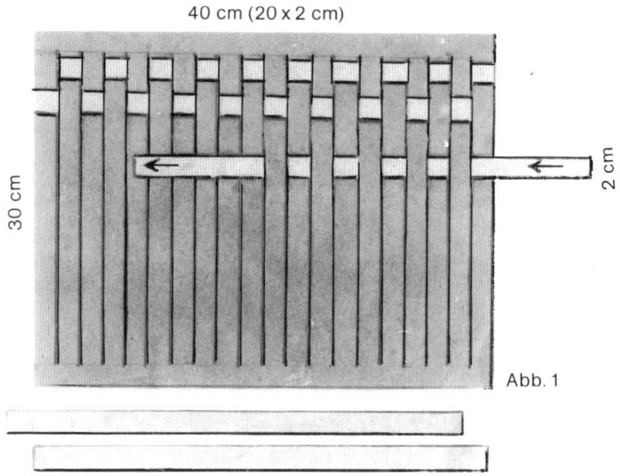

Abb. 1

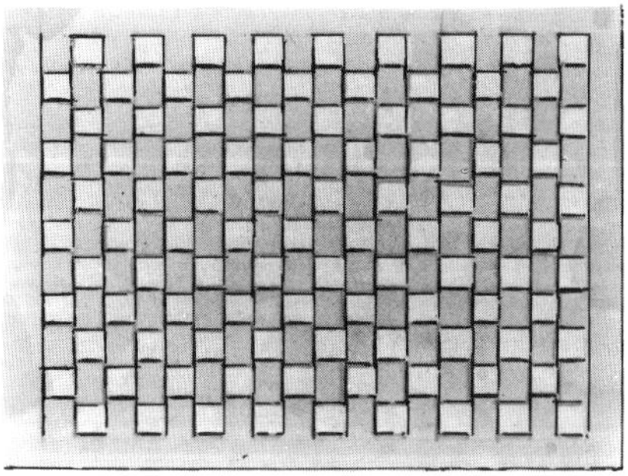
Abb. 2

Zu d)

Lieder zum Thema:

Die Leineweber haben eine saubere Zunft.
Es wollt ein Schneider wandern.
Ein Jäger aus Kurpfalz.
Es blies ein Jäger wohl in sein Horn.
Im Wald und auf der Heide.
Die Tiroler sind lustig.
Bunt, bunt, bunt sind alle meine Kleider.
Das Wandern ist des Müllers Lust.
Es, es, es und es.
Maria, breit den Mantel aus.

Märchen:

Des Kaisers neue Kleider (Andersens Märchen)
Das tapfere Schneiderlein (Grimms Märchen)

Religiöser Bezug:

Aufforderung zum Teilen: Wer zwei Röcke hat, der gebe dem einen, der keinen hat (Lk 3,11).
Hinweise auf weltliche und kirchliche Hilfsorganisationen (Misereor, Adveniat, Brot für die Welt).

Foto: HERZOG/present

Thema 5: FRÜHLING

a) Woran läßt sich erkennen, daß es Frühling wird? (Beobachtungen in der Natur)
Sprichwörter werden ergänzt.
b) Tierlauteraten (Hörtest)
c) Wir läuten den Frühling ein. (Tonglocken, Bastzöpfe)
d) Lieder zum Thema
Märchen
Frühlingsgedichte

Zu a)

Woran läßt sich erkennen, daß es Frühling wird?

- Die Tage werden länger (bei Frühlingsanfang liegen zwischen Sonnenaufgang und Sonnenuntergang genau zwölf Stunden), die Sonne scheint wärmer, die Luft weht linder, die Erde duftet.
- Das Gras sprießt, Frühlingsblumen kommen hervor (Krokusse, Märzveilchen, Gänseblümchen, Buschwindröschen, Leberblümchen, Schlüsselblumen, Tulpen).
- Sträucher blühen (Kornelkirsche, Seidelbast, Weidenkätzchen, Haselkätzchen, Forsythien), und die Knospen an den Bäumen brechen auf.
- Die Vögel singen (z. B. Amseln, Meisen), und die Zugvögel kehren zurück (z. B. Stare, Schwalben). Sie beginnen Nester zu bauen.
- Der Bauer bearbeitet das Land und sät ein.
- Menschen und Tiere werden munter.

Sprichwörter werden ergänzt:

Eine Schwalbe – macht noch keinen Sommer.
Besser der Spatz in der Hand – als die Taube auf dem Dach.
Eine Krähe hackt der anderen – kein Auge aus.
Kräht der Hahn auf dem Mist – ändert sich das Wetter oder...
Auch ein blindes Huhn – findet mal ein Korn.
In der Not frißt – der Teufel Fliegen.
Man soll aus einer Mücke – keinen Elefanten machen.
Die schlechtesten Früchte sind es nicht – woran die Würmer nagen.
Man soll die Katze – nicht im Sack kaufen.
Die Katze läßt – das Mausen nicht.
Wenn die Katze aus dem Haus ist – tanzen die Mäuse auf dem Tisch.
Wo viel Licht ist – ist viel Schatten.
Es ist nichts so fein gesponnen – es kommt doch ans Licht der Sonnen.
Wie man in den Wald ruft – so schallt es zurück.

Wer selbst im Glashaus sitzt – soll nicht mit Steinen werfen.
Wer andern eine Grube gräbt – fällt selbst hinein.
Man soll den Tag nicht – vor dem Abend loben.

Zu b)
Tierlauteraten (Hörtest)
Tierstimmen werden imitiert oder auf Tonband abgespielt und sollen von den Teilnehmern erraten werden. Kassetten hierzu gibt es im Fachhandel.

Zu c)
Wir läuten den Frühling ein

Material: Edelbast (endloser Faden, gleichmäßig breit)
Blumentöpfe (6 cm Durchmesser)
Holzperlen (dickere und dünnere)
Plaka-Farbe, Pinsel, Behälter mit Wasser
Lack (Pinselreiniger)
Schere
Zeitungspapier zum Abdecken des Arbeitsplatzes

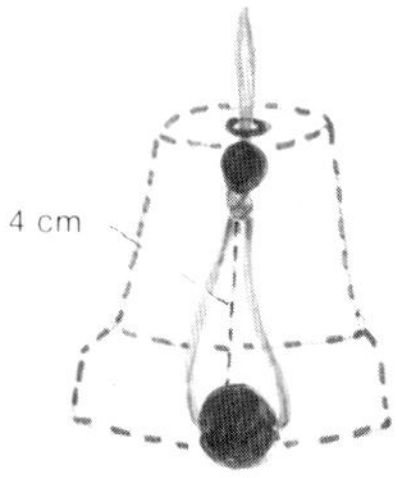

Technik:
Die Blumentöpfe werden von außen bunt bemalt und zum Trocknen aufgestellt.
Aus dem Bast werden bereits vor der Therapiestunde für jeden Teilnehmer 36 Bastfäden in einer Länge von 50 cm zu einem Bündel zusammengenommen und an einem Ende fest umwikkelt. Hieraus werden jetzt Zöpfe geflochten und an den Enden zu einem Kränzchen zusammengebunden.
Die inzwischen getrockneten Tontöpfe werden mit Lack überzogen (Pinsel sofort mit Pinselreiniger säubern!).
Sodann wird eine Holzkugel, die als Klöppel dienen soll, an einem Bastfaden befestigt und in der passenden Länge (4 cm) abgeknotet.
Haben wir die Klöppelschnur von innen durch das Bodenloch des Blumentopfes durchgezogen, können wir die Glocke an der Schnittstelle unseres Bastkränzchens locker befestigen und dieses aufhängen.

Zu d)
Lieder zum Thema:
Winter ade, scheiden tut weh.
Der Winter ist vergangen.
Alle Vögel sind schon da.
Kuckuck, kuckuck, ruft's aus dem Wald.
Der Kuckuck und der Esel, die hatten einen Streit.
Ich ging im Walde so für mich hin.
Im Märzen der Bauer die Rößlein einspannt.

Märchen: Die Bremer Stadtmusikanten (Grimms Märchen)

Gedichte:

Frühlingsglaube

Die linden Lüfte sind erwacht,
sie säuseln und weben Tag und Nacht,
sie schaffen an allen Enden.
O frischer Duft, o neuer Klang!
Nun, armes Herze, sei nicht bang!
Nun muß sich alles, alles wenden.

Die Welt wird schöner mit jedem Tag,
man weiß nicht, was noch werden mag,
das Blühen will nicht enden.
Es blüht das fernste, tiefste Tal:
Nun, armes Herz, vergiß der Qual!
Nun muß sich alles, alles wenden.

Ludwig Uhland

Er ist's

Frühling läßt sein blaues Band
wieder flattern durch die Lüfte;
süße, wohlbekannte Düfte
streifen ahnungsvoll das Land.
Veilchen träumen schon,
wollen balde kommen.
– Horch, von fern ein leiser Harfenton!
Frühling, ja du bist's!
Dich hab ich vernommen!

Eduard Mörike

Der Frühling naht per Dampfer,
Spinat und Sauerampfer:
Der Winter ist vorbei!
Die A- und andern Meisen,
die singen ihre Weisen
und legen Ei bei Ei.

Erich Kästner

Thema 6: KREUZ

a) Welche Bedeutungen kann das Wort „Kreuz“ haben?
Wie viele Kreuzformen kennen Sie? (Abbildungen)
b) Tangram (Seh-Kombinationstest)
c) Wir setzen ein Segenskreuz zusammen.
d) Lieder zum Thema
Hungertuch
Kreuzwegbetrachtung
Bilddarstellungen der Kreuzigung

Zu a)

Welche Bedeutungen kann das Wort „KREUZ“ haben?

Anatomie: Kreuz = Rückenpartie (Lendengegend)
Mathematik: Kreuz = Pluszeichen
Musik: Kreuz = Erhöhung um einen halben Ton
Kartenspiel: Kreuz = eine der vier Farben im Kartenspiel
Stickerei: Kreuzstich
Sternbild: Kreuz des Nordens
Richtungsbezeichnung: Wegkreuzung
Verstärkung: Kreuzverband (z. B. Fahrradspeiche)
Natur: Kreuzblütler, Kreuzbeere, Kreuzotter, Kreuzspinne
Gebäck: Kreuzweck
Vereinigung: Blaukreuzler = Antialkoholiker
Ortsbezeichnung: Bad Kreuznach, Berlin-Kreuzberg, Kreuzeck
Christliches Symbol: Kreuzzug, Kreuzfahrer, Kreuzritter, Kreuzgang, Kreuzweg, Friedhofskreuz
Übertragener Sinn: Sorgen, Leid

Wie viele Kreuzformen kennen Sie?

Zu b)

Tangram (Seh-Kombinationstest)

Aus sieben schwarzen Kartonstücken sollen verschiedene Figuren zusammengesetzt werden (altes chinesisches Spiel), hier eine Kirche:

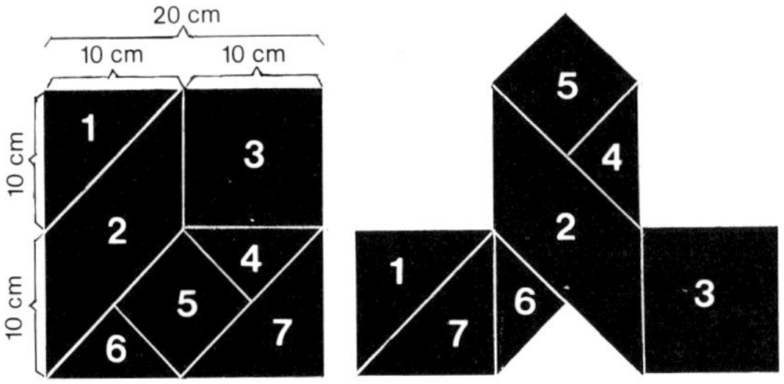

Zu c)

Wir setzen ein Segenskreuz zusammen (Kork-Arbeit)

Material: Korken (halbiert)
Holz- oder Preßspanplatte
Uhu
Plaka-Farbe (braun), Pinsel, Wasserbehälter
Matt- oder Glanzlack
Kupferbronze (Pinselreiniger)
Zeitungspapier zum Abdecken des Arbeitsplatzes

Technik:

Für ein Segenskreuz brauchen wir 88 halbe Korken (44 ganze, der Länge nach durchgeschnitten), die von den Gruppenteilnehmern abwechselnd auf eine 5 – 10 mm starke Holz- oder Preßspanblatte von der Größe 30 × 30 cm aufgeklebt werden. Durch die Quer- bzw. Längsanordnung

der halbierten Korken entsteht ein Kreuzmuster (s. Abb.). Dieses wird noch dadurch hervorgehoben, daß man für die Längskorken kleinporige, für die Querkorken möglichst glatte Korkteile wählt.
Nachdem die Korken aufgeklebt wurden, können die Ecken zur besseren Kontrastierung mit einem Pinsel rot-dunkelbraun eingefärbt werden. Es ist gut, stark verdünnte Plaka-Farbe zu verwenden, damit die Korkstruktur sichtbar bleibt.
Wenn die Farbe getrocknet ist, sollten **alle** Korken mit Matt- oder Glanzlack, der überstehende Rand mit Kupferbronze überzogen werden.
Als Aufhänger kann man ein kleines Lederstück mit einem Loch auf die Rückseite des Kreuzes kleben.

Zu d)
Lieder zum Thema:
Am Brunnen vor dem Tore.
All mein Gedanken, die ich hab.
Lobe den Herren, den mächtigen König.
O Haupt voll Blut und Wunden.
So nimm denn meine Hände.
Jesu, geh voran auf der Lebensbahn.
Ich grüße dich am Kreuzesstamm.
Der am Kreuz ist meine Liebe.
Unsern Ausgang segne Gott.

Erläuterungen zu einem Hungertuch

Bekannte Bilddarstellungen zur Kreuzigung

Kreuzwegbetrachtung
Sie umfaßt die vierzehn Leidensstationen Christi auf dem Wege vom Prätorium des Pilatus zur Kreuzigung und schließlich seine Grablegung. Oft werden diese auf Stein- oder Holztafeln in den verschiedensten Stilrichtungen der Kunst dargestellt (teils nach biblischen, teils nach legendären Quellen).

I. Christus vor Pontius Pilatus.
II. Christus nimmt sein Kreuz.
III. Christus fällt zum erstenmal unter dem Kreuz.
IV. Christus begegnet seiner Mutter.
V. Simon von Cyrene hilft das Kreuz tragen.
VI. Veronika reicht das Schweißtuch.
VII. Christus fällt zum zweitenmal.
VIII. Christus tröstet die weinenden Frauen.
IX. Christus fällt zum drittenmal.
X. Christus wird entkleidet.
XI. Christus wird ans Kreuz genagelt.
XII. Christus am Kreuz.
XIII. Christus im Schoß seiner Mutter.
XIV. Christus im Grabe.

April

Thema 7: Ei (Ostern)

a) Was ist das, ein „Ei"? (Abbildung)
Wodurch können sich Eier unterscheiden?
Wozu werden Eier verwendet?
b) Was hat sich verändert? (Wahrnehmungsübung)
c) Wir verzieren Ostereier
d) Lieder zum Thema
Märchen
Osterbräuche

Zu a)

Was ist das, ein „Ei"?

Weibliche Geschlechtszelle von Menschen, Tieren, Pflanzen.

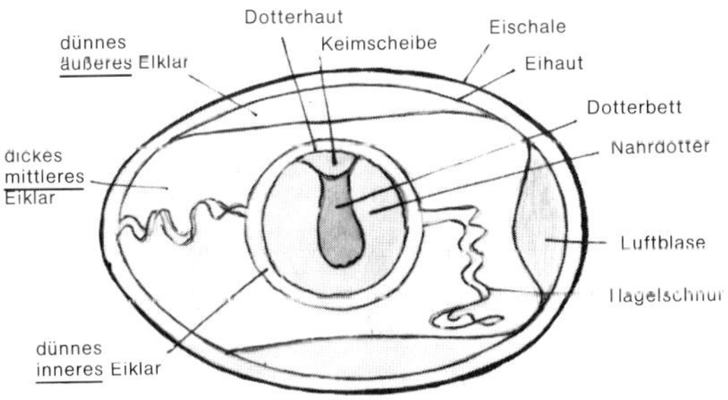

Einzelne Eibezirke sind für die Ausbildung bestimmter Körperabschnitte genau vorprogrammiert.

Wodurch können sich Eier unterscheiden?

Eigröße: 0,02 mm bei Menschen
5 cm beim Huhn (40 – 70 gr.)
15 cm beim Vogel Strauß

Dottergröße: Je früher das Ei den Körper verläßt, je größer der Dotter.

Beschaffenheit der Schale:
Haftschale – Insekten
Lederschale – Schlangen
Hornschale – Fische (Haie, Rochen)
Gallertmasse – Lurche, Schnecken
Kalkschalen – Hühner, Gänse, Enten, Möwen, Schildkröten, Krokodile

Wozu werden Eier verwendet?

Fischeier = Delikatesse von Karpfen, Dorsch, Lachs; der echte Kaviar kommt vom Stör.
Vogeleier = Delikatesse von Kibitz und Fasan, Taube und Möwe, als **Nahrungsmittel** von Hühnern, Gänsen, Enten:

weich gekocht (Frühstücksei)
hart gekocht (Solei, Russische Eier)
gebacken (Spiegelei, Rührei, Omelett, Pfannkuchen, Panierei)
Einlauf, Eierstich, Teigwaren, Kuchen, Eierlikör – Eiweiß zur Herstellung von Baisers und Makronen sowie zum Klären von Fleischbrühe.

Ein frisches Ei ist gegen Licht klar und schwimmt oben, ein schlechtes Ei ist gegen Licht trüb und geht im Wasser unter.

Zu b)

Was hat sich verändert? (Wahrnehmungsübung)

Ein Gruppenteilnehmer verläßt den Raum und nimmt eine Veränderung an sich vor, die nach Rückkehr beobachtet werden muß (z. B.: Ohrringe, Ringe, Ketten, Uhren werden vertauscht oder ausgezogen, Schuhe links/rechts verwechselt, Jacken zu- bzw. aufgeknöpft, ebenso Blusen oder Kleider, Brillen oder Halstücher abgelegt, Frisuren verändert). Derjenige, der die Veränderung errät, darf als Nächster vor die Tür gehen, bis alle an der Reihe waren. Ist es den Patienten nicht möglich, den Raum zu verlassen, können die übrigen Teilnehmer so lange die Augen schließen, bis die Veränderung vorgenommen ist.

Zu c)

Wir verzieren Ostereier (bemalen und bekleben)

Material: Eier (ausgeblasen oder hartgekocht)
Filzschreiber
Buntpapier oder Filz in verschiedenen Farben, Locher, Uhu – oder fertige Klebebildchen
leere Eierkartons
Zeitungspapier zum Abdecken des Arbeitsplatzes

Technik:

Für jeden Gruppenteilnehmer werden zwei bis drei ausgeblasene oder hartgekochte Eier bereitgestellt. Die Hohleier sollten vor dem Bemalen mit einem Essiglappen abgerieben werden, damit die Schale fettfrei ist; die gekochten Eier können evtl. schon einfarbig vorgefärbt sein.

Während einige Teilnehmer damit beschäftigt sind, aus Buntpapier oder verschiedenfarbigen Filzstreifen (im Handel erhältlich) mit dem Locher kleine, runde Blättchen auszustanzen, können die übrigen bereits mit dem Anmalen der Eier beginnen. Wegen der einfachen Handhabung ist es günstig, dazu Filzstifte zu benutzen. Um ein Wegrollen der Eier zu verhindern, sollten diese beim Bemalen und zum Trocknen in leere Eierkartons gestellt werden, die als Verpackung üblich sind.

Anschließend können sowohl die bemalten als auch die vorgefärbten oder noch weißen Eier mit Buntpapier- oder Filzblättchen beklebt werden (Abb. 1). Bei starker Behinderung der Teilnehmer können hierfür auch vorgestanzte Klebebildchen (in Schreibwarengeschäften erhältlich) benutzt werden.

Zum Aufhängen der Hohleier ist es nötig, diese noch mit einer Schleife oder Perlenschnur zu versehen (Abb. 2).

Abb. 1

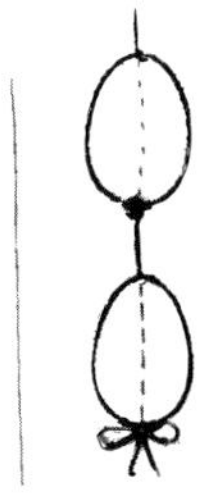

Abb. 2

Zu d)

Lieder zum Thema:

Zwischen Berg und tiefem, tiefem Tal.
Gestern abend ging ich aus. (Häsleins Klage)
Wem Gott will rechte Gunst erweisen.
Mein Gott, wie schön ist deine Welt.
Christ ist erstanden von der Marter alle.
Gelobt sei Gott im höchsten Thron.
Wir wollen alle fröhlich sein in dieser österlichen Zeit.

Märchen:

Der Hase und der Igel (Plattdeutsches Märchen)

Osterbräuche:

Das Ei ist ein uraltes Lebenssymbol.
Schon bei den alten Chinesen und Ägyptern hatte es diese Bedeutung, und die Perser nannten ihr Neujahrsfest, das im Frühling stattfand, „Fest des roten Eies“.
Das erste geschmückte Ei in Europa fand sich in dem Steinsarg eines römisch-germanischen Grabes im 4. Jahrhundert nach Christus.
In England kennen wir bunte Eier seit dem 13. Jahrhundert.
Bis ins Mittelalter dominierte die Farbe „Rot“ (Symbol für Blut, Liebe, Sieg).
In Griechenland wird der Gründonnerstag als Vorbereitungszeit österlichen Schmuckes „Roter Donnerstag“ genannt.
Rumänien kennt das Sprichwort: „Wenn die Christen einmal keine roten Eier mehr machen, ist das Ende der Welt gekommen.“
In vielen Kirchen werden heute an Ostern noch Eier geweiht.
Das Eierschenken ist ein weitverbreiteter Brauch. Ebenso das Eiersuchen und Eierstoßen.
Auch Gebäck mit eingebackenen Ostereiern gibt es in vielen Landstrichen.
Ostersträuße oder Ostergestecke in Vasen und Blumentöpfen sind bei uns heute noch sehr beliebt. Dabei werden verzierte Hohleier an Birkenzweige gehängt oder auf die Spitze von Weidenkätzchenstecken gesteckt.

Thema 8: GEFÄSSE

a) Welche verschiedenen Gefäße kennen Sie?
Welchen Zwecken dienen sie?
Aus welchem Material sind sie gefertigt?
Redewendungen werden gesucht
b) Gefäßformen werden erraten (Tastübung)
c) Wir verkleiden Joghurtbecher mit Moltofill
d) Lieder zum Thema
Literarischer Bezug
Religiöser Bezug

Zu a)

Welche verschiedenen Gefäße kennen Sie?
Welchen Zwecken dienen sie?

- Teller: Suppenteller, Eßteller, Kuchenteller, Dessertteller, Obstteller, Salatteller, Untertassen
- Tassen: Teetassen, Kaffeetassen, Mokkatassen, Schnabeltassen, Suppentassen
- Becher: Milchbecher, Kakaobecher, Eisbecher, Eierbecher, Zahnbecher, Knobelbecher, Würfelbecher, Pokale, Aschenbecher.
- Gläser: Weißwein-, Rotwein-, Süßweingläser, Apfelweingläser, Schnapsgläser, Likörgläser, Sektgläser, Biergläser, Whiskygläser, Kognakgläser, Bowlegläser, Wassergläser, Limonadengläser, Saftgläser, Milchgläser, Teegläser, Einmachgläser (Weckgläser), Honigglas
- Flaschen: s. Gläser – Weinflasche usw.
- Schüsseln und Schalen: Suppenschüssel, Gemüseschüssel, Salatschüssel, Obstschüssel, Teigschüssel, Kompottschüssel, Gebäckschale, Blumenschale, Fingerschälchen
- Dosen: Butterdose, Frühstücksdose, Teedose, Kaffeedose, Zuckerdose, Salzfaß, Geleedose, Gebäckdose, Pillendose, Tabaksdose, Bonboniere, Ciborium (Hostiengefäß), Cremedose, Puderdose, Spieldose
- Kannen: Teekanne, Kaffeekanne, Kakaokanne, Milchkanne, Dosenmilchkännchen, Wasserkanne, Waschlavoir, Gießkanne
- Krüge: Weinkrüge, Apfelweinkrüge (Bembel), Bierkürge (Seidel, Humpen), Milchkrüge, Wasserkrüge
- Vasen, Eimer, Tröge, Bottiche, Kessel, Wannen, Zuber
- Töpfe: Kochtöpfe, Milchtöpfe, Waschtöpfe, Bräter, Blumentöpfe, Nachttöpfe
- Pfannen: Bratpfannen, Grillpfannen, Fonduepfannen, Bettpfannen

Zu b)

Aus welchem Material sind sie gefertigt?

- Blech, Eisen, Gußeisen, Aluminium, Stahl, Chromagan, Emaille, Zinn, Kupfer, Messing, Silber, Gold

- Stein, Steingut, Porzellan, Alabaster, Halbedelstein
- Glas (Kristallglas, Jenaer Glas)
- Ton
- Leder
- Holz
- Teflon, Kunststoff (Plastik, Valoron)

Redewendungen werden gesucht

Teller: Wenn man den Teller leer ißt, gibt es gutes Wetter.

Tasse: Eine „trübe Tasse“ sein (lahm und träge).
Nicht alle Tassen im Schrank haben.

Glas: Glück und Glas, leicht bricht das.
Scherben bringen Glück.
Zu tief ins Glas blicken.

Flasche: Eine „Flasche“ sein (untüchtig).

Becher: Es ist nicht alles Gold, was glänzt.

Kanne: Nicht auf die Pracht der Kanne schau,
mit allzuleicht betörtem Sinn,
ins Innre Blick, und sieh genau,
ob Wasser oder Wein darin.

Krug: Der Krug geht so lange zum Brunnen, bis er bricht.

Topf: Jedes Töpfchen find't sein Deckelchen.

Pfanne: Jemand in die Pfanne hauen (verraten).

Zu b)

Gefäßformen werden erraten (Tastübung)

Wir verstecken verschiedene Gefäße (z. B. Schnabeltasse, Eierbecher, Schnapsglas, Aschenbecher, Mokkatasse, Milchkännchen, Väschen, Salzfäßchen, Pillendose) in einem leeren Turnbeutel oder Wäschesack und lassen die Teilnehmer durch bloßes Tasten erraten, um welche Gegenstände es sich handelt.

Zu c)

Wir verkleiden Joghurtbecher mit Moltofill

Material: Joghurtbecher oder Joghurtgläser
Moltofill
Wasser
Holzspatel
ein alter Löffel
ein altes Gefäß zum Anrühren des Moltofill
Plaka-Farbe
Pinsel
Lack und Pinselreiniger
alte Lappen
Zeitungspapier zum Abdecken des Arbeitsplatzes

Technik:

Zur Vorbereitung muß man genügend leere Joghurtbecher oder Joghurtgläser sammeln und sie gründlich innen und außen reinigen.

Zur Verkleidung der Gefäße sollte kurz vor Gebrauch (nicht früher, da das Moltofill zu schnell härtet) mit einem alten Löffel im Verhältnis 1:2 (2/3 Moltofill, 1/3 Wasser) in einem größeren Gefäß – evtl. eine alte Keksdose – ein dicker aber glatter Brei angerührt werden. Dieser wird mittels eines Holzspatens von außen auf die Gläser aufgetragen, wobei die Böden frei bleiben. Durch Streichen oder Tupfen ist es möglich, der Oberfläche eine unterschiedliche Struktur zu geben. Sollten die Hände dabei verschmiert werden, können diese mit einem alten Lappen grob gereinigt und in warmem Wasser sauber nachgewaschen werden.

Da Moltofill mehrere Stunden braucht, um so gut auszutrocknen, daß es bemalt werden kann, ist es zweckmäßig, den zweiten Teil der Arbeit

auf den Anfang der nächsten Therapiestunde mit dem Thema „Blumen“ zu verlegen und das Tauchen der Blütenblätter vorzuziehen.
Ist die Moltofillverkleidung getrocknet, können die Joghurtbecher mit Plaka-Farbe bemalt und eine halbe Stunde später lackiert werden.

Lieder zum Thema:
Der Winter ist vergangen.
Nun will der Lenz uns grüßen.
Komm lieber Mai und mache.
Alle Vögel sind schon da.
Wenn hier ein Pott mit Bohnen steiht.
Wenn der Pott aber nu en Loch hat.

Literarische Bezüge:
Heinrich v. Kleist, Der zerbrochene Krug
Suppenkasper aus dem Struwwelpeterbuch
Zappelphilipp aus dem Struwwelpeterbuch

Religiöser Bezug:
Wir sind wie Ton in Gottes Hand AT: Jes 64,7; Jer 18,6; NT: Röm 9, 21 – 22

Thema 9: BLUMEN

Mai

a) Namen folgender Blumenarten werden gesucht:
Deutsche Wald-, Wiesen-, Feld-, Garten-, Alpenblumen
Ausländische Gewächse
Topf- und Zimmerpflanzen
b) Es duftet (Geruchstest)
c) Wir lassen Tauchlackblumen blühen
d) Lieder zum Thema
Märchen
Religiöse Bezüge

√ Zu a)

Waldblumen:
Anemone, Maiglöckchen, Veilchen, Fingerhut, Akelei, Taubnessel, Lupine

Wiesenblumen:
Butterblume, Salbei, Kamille, Margerite, Wiesenschaumkraut, Schafgarbe, Gänseblümchen, Löwenzahn, Glockenblume, Herbstzeitlose, Krokus

Am Bach:
Vergißmeinnicht, Sumpfdotterblume, Seerose

Feldblumen:
Mohn, Kornblume, Wicken, Winden, Klee

Am Feldrand:
Ginster, Heckenrosen

Alpenblumen:
Enzian, Edelweiß, Alpenrosen

Gartenblumen:
Rittersporn, Fresien, Lefkojen, Rheseda, Tulpen, Narzissen, Schneeglöckchen, Christrosen, Osterglocken, Rosen, Nelken, Stiefmütterchen, Astern, Dalien, Löwenmäulchen, Maßliebchen, Lilien, Gladiolen, Tränendes Herz, Königskerze, Pfingstrosen

Heidekraut

Ausländische Gewächse:
Orchideen, Kakteen, Indisches Blumenrohr, Oleander (Italien), Hibiskus (Israel), Chrysanthemen (China)

Büsche:
Jasmin, Flieder, Goldregen, Forsythien, Glyzinien, Schneebälle, Rhododendron, Holunder

Topf- und Zimmerpflanzen:
Alpenveilchen, Primelchen, Fleißiges Lieschen, Azaleen, Usambaraveilchen, Geranien, Begonien, Fuchsien, Hyazinthen

Wenn möglich farbige Abbildungen der genannten Blumen zeigen!

Zu b)
Es duftet! (Riechtest)
Verschiedene stark riechende Stoffe müssen ohne erkennbare Aufschrift oder Verpackung – nur nach ihrem Geruch – erraten werden. Z. B.
Rosencreme
Maiglöckchenduft (Deo-Stift)

Nelkenseife
Franzbranntwein
Kölnisch Wasser
Lavendel-Uralt
Luftreiniger (Toilettenverdunster)
Kernseife

Zu c)
Wir lassen Tauchlackblumen blühen

Material: Biege-Draht
Tauchlack
Alufolie
Blumenband (selbstklebendes grünes Krepp-band)
Styroporplatte
Zeitungspapier zum Abdecken des Arbeitsplatzes
evtl. Lackfestiger

Technik:
Zur Vorbereitung der Therapiestunde werden aus Biege-Draht Drahtschlingen geformt, die später als Blüten- bzw. Blumenblätter dienen sollen. Verfügen die Teilnehmer über gute Fertigkeiten, so kann diese Arbeit auch von ihnen selbst übernommen werden. Für jede Blume bilden wir aus Biege-Draht (250 mm) fünf ovale Schlaufen, die wir am Ende der Form mehrere Male zusammendrehen. Der überstehende Teil ergibt später den Stiel.
Aus kürzerem Biege-Draht (150 mm) werden in gleicher Weise zwei kleinere Blumenblätter geformt.

Nun tauchen wir die größere Drahtschlinge kurz in bunten Tauchlack (am schönsten ist Transparentlack der Farben Rot, Gelb, Orange, Blau) und ziehen sie wieder heraus. Die überflüssige Farbe lassen wir abtropfen oder streichen sie am Dosenrand ab.
Sodann kann die Drahtschlinge umgedreht und zum Trocknen auf eine Styroporplatte (evtl. altes Verpackungsmaterial) gesteckt werden.
Ebenso verfahren wir mit den kleineren Schlaufen, nur daß wir diese in grünen Tauchlack eintauchen, weil sie uns als Blumenblätter dienen sollen.
Da die Blätter längere Zeit brauchen, bis sie so gut abgetrocknet sind, daß sie ohne aneinanderzukleben weiter verarbeitet werden können, empfiehlt es sich, den Tauchvorgang bereits am

Ende der letzten Therapiestunde mit dem Thema „Gefäße“ vornehmen zu lassen oder mindestens eine halbe Stunde zu warten und dann vorsichtig ans Werk zu gehen.
In der Zwischenzeit können wir aus Biege-Draht und Alufolie die Staubgefäße für unsere Blüten herstellen, indem wir einen Draht am Ende kurz umknicken und ein kleines Alukügelchen daran befestigen. Auch Perlen oder fertig gekaufte Staubgefäße können dazu benutzt werden.
Sind die Tauchlackblätter gründlich abgetrocknet, drehen wir je fünf von ihnen – mit einem Staubgefäß als Mittelpunkt – zu einer Blüte zusammen. Sodann umwickeln wir Blütenkelch und Drahtstiel mit selbstklebendem grünen Kreppblumenband (1 cm) und binden zwei kleine Blumenblätter mit ein.
Durch leichtes Umbiegen kann den Blüten- und Blumenblättern die endgültige Form gegeben werden.
Mehrere Blüten lassen sich zu einem Sträußchen zusammenbinden, das wir evtl. in unsere verkleideten Joghurtbecher stellen können. Sollen die Blumen besonders haltbar sein, so können die einzelnen Blütenblätter vor dem Zusammenbinden in Lackfestiger getaucht werden. Allerdings ergibt sich dann nochmals eine Trokkenzeit von einer halben Stunde.

Zu d)

Lieder zum Thema:
Der Mai ist gekommen.
Ich ging im Walde so für mich hin.
Sah ein Knab ein Röslein stehn.
In der Lüneburger Heide.
Drei Lilien, drei Lilien.
Rosenstock, Holderblüt.
Die Blümelein, sie schlafen.
Schönster Herr Jesu.
Maria, dich lieben ist allzeit mein Sinn.

Märchen:
Dornröschen (Grimms Märchen)

Religiöse Bezüge:
Der Mensch wird verglichen mit der Blume auf dem Felde: AT: Ps 103,15, NT: 1 Petr 11,24
Da der Mai Marienmonat ist, bietet sich hier ein Marienlob oder eine Betrachtung des Rosenkranzgebetes an.

Thema 10: VÖGEL

a) Wieviel verschiedene Vogelarten gibt es?
Welche Vögel sind Ihnen davon bekannt?
Alle Vögel fliegen hoch! (Konzentrationsübung)
b) Frühlingslieder- oder Vogelstimmenraten (Hörtest)
c) Wir fertigen ein Vogelmobile aus Tonpapier
d) Lieder zum Thema
Märchen
Biblische Bezüge

Zu a)

Wieviel verschiedene Vogelarten gibt es?

25000 Arten in fünf große Gruppen eingeteilt:

1. Raubvögel: Hakenschnabel, Krallen, allein oder paarig lebend, fressen lebendig gefangene Wirbeltiere **ganz** und würgen Haare, Federn, Knochen als Gewöll aus.
2. Sperlingsvögel, darunter 6000 Arten Singvögel und Zugvögel.
   Singvögel: Stimmbildung durch Muskelapparat unterhalb des Kehlkopfes, Weichfresser – fressen kaum Körner, sondern Insekten, Raupen, Larven.
   Zugvögel: fliegen nach beendeter Brut- und Aufzuchtzeit in wärmere Winterquartiere (meist entlang Meeresküsten und Flußläufen) und kommen im Frühjahr zurück.
3. Wasservögel: Schwimmvögel mit Schwimmhäuten zwischen den Zehen.
4. Hühnervögel: Scharrvögel und Nestflüchter – die ausgeschlüpften Jungen können gleich davonlaufen (im Gegensatz zu den Nesthockern).
5. Papageien: Klettervögel, bunt, leben nur paarig (monogam).
   Körnerfresser – fressen Körner und Samen (selten Insekten).

Welche Vögel sind Ihnen davon bekannt?

Zu 1.: nachts: Eulenvögel (Flügelschlag nicht zu hören!)
tags: Adler, Bussard, Falke, Geier, Habicht.

Zu 2.: sechzig Arten Finken: Spatz, Grünfink, Schmetterlingsfink, Diamantfink, Papstfink, Zebrafink, Buchfink
Spechte: Buntspecht, Grünspecht, Grauspecht, Schwarzspecht
Kuckuck, Wiedehopf (Kuckucksknecht, schön und schmutzig), Bachstelze
Singvögel: Amsel, Drossel, Schwalbe, Meise, Lerche, Rabe, Elster, Eichelhäher, Nachtigall, Dompfaff (Gimpel), Zeisig, Stieglitz, Rotschwänzchen, Zaunkönig (kleinster deutscher Vogel)
Zugvögel: Schwalbe – 17000 km Polargebiet
Storch – 10000 km Südafrika
Kranich – Niltal
Möwen, Wildgänse.

Zu 3. Wasser-Schwimmvögel:
Kranich (größter Wasservogel in Norddeutschland)
Schwan (monogam)
Pelikan (Riesenschnabel, in China zum Fisch-

fang abgerichtet, sakrale Bedeutung)
Fischreiher (Fischräuber, Hutfedern)
Storch
Wasser- und Teichhühner, Enten, Gänse.

Zu 4. Hühnervögel:
Huhn, Fasan, Truthahn, Puten, Pfau

Zu 5. Papageien:
650 Arten Sittiche (Wellensittich, Nymphensittich)
Ara, Kakadu (Federn, Fleisch).

Alle Vögel fliegen hoch! (Konzentrationsübung)
Die Teilnehmer der Therapiestunde legen beide Hände auf den Tisch und heben diese nur dann hoch (über den Kopf), wenn von dem Gruppenleiter Dinge genannt werden, die tatsächlich hochfliegen können. Ist dies nicht der Fall, müssen die Hände fest auf der Tischplatte liegenbleiben. Wer sich dabei vertut, kann als nächster Ausrufer bestimmt werden.
Beispiel: Alle Tauben, Schmetterlinge, Gänseblumen, Grasmücken, Tintenfische, Nachtigallen, Junikäfer, Singdrosseln, Zwerghühner, Regenwürmer ... fliegen hoch!

Zu b)
Frühlingslieder- oder Vogelstimmenraten (Hörtest)
Frühlingslieder werden ohne Text angestimmt oder auf Kassette angespielt und müssen von den Teilnehmern erraten werden.
In Verbindung zum Thema können auch Aufnahmen verschiedener Vogelstimmen verwendet werden, die dann zu identifizieren sind.

Zu c)
Wir fertigen ein Vogelmobile aus Tonpapier

Material: Tonpapier, schwarz, weiß, rot
Schere, Lineal, Bleistift
Strohhalme
Wurststäbchen
Uhu
Faden oder Nylonschnur

Technik:
Aus Tonpapier werden zur Herstellung einer Schwalbe folgende Streifen zugeschnitten:
schwarz für den Kopf, 2 cm × 6 cm
schwarz für den Körper, 2 cm × 11 cm
weiß für die Flügel, 1,5 cm × 22 cm
rot für den Schnabel, 1 cm × 1 cm
rot für die Füße, 1 cm × 2,5 cm

Je nach Fertigkeit kann diese Arbeit von dem Gruppenleiter vorbereitet oder von den Teilnehmern selbst übernommen werden.

Die Streifen für den Kopf werden zu einem Ring, die für den Körper flach aneinander geklebt. Den weißen Streifen für die Flügel ziehen wir durch den Körper und führen die Enden hinten über dem Körper kreuzweise übereinander.
Das kleine rote Quadrat dient uns als Schnabel, das große als Fuß. Beide werden einmal auf die Hälfte gefaltet und an passender Stelle angeklebt.

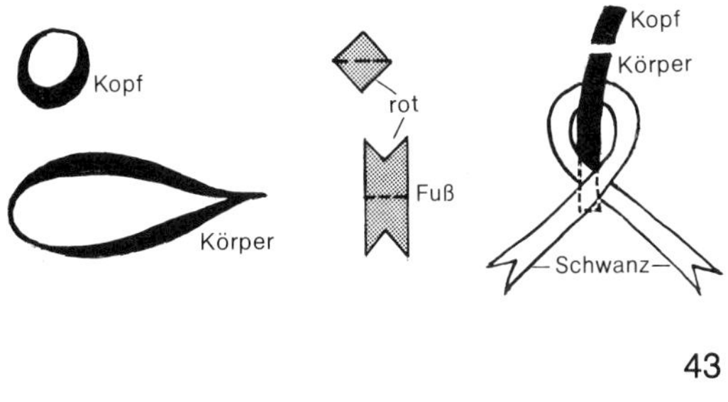

Als Auge kleben wir ein 2 cm langes Stück Strohhalm in den Kopf.

Wenn jeder Teilnehmer drei Vögelchen fertiggestellt hat, können diese nebeneinander auf einem Wurststäbchen festgeklebt und dieses an einem (Nylon)-faden aufgehängt werden.

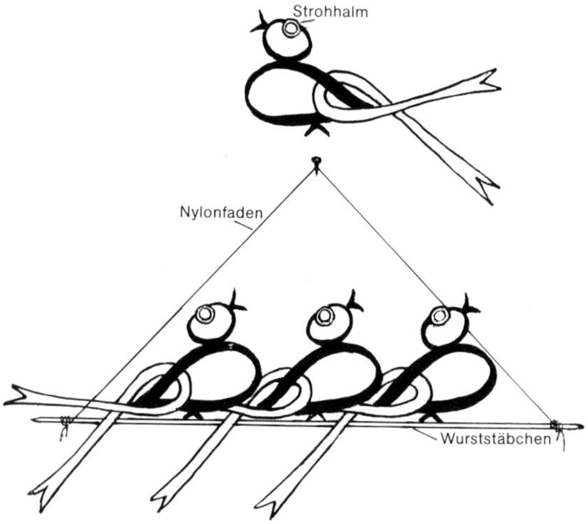

Zu d)

Lieder zum Thema:

Adler: Auf Adelers Flügeln getragen.
Lobet den Herren.

Kuckuck: Kuckuck, kuckuck rufts aus dem Wald.
Auf einem Baum ein Kuckuck saß.
Der Kuckuck und der Esel hatten einen Streit.

Lerche: Wem Gott will rechte Gunst erweisen.
Wer recht in Freuden wandern will.
Geh aus mein Herz und suche Freud.

Nachtigall: Komm lieber Mai und mache.
Nun will der Lenz uns grüßen.

Schwalbe: Frau Schwalbe ist ne Schwätzerin.
Alle Vögel sind schon da.
Kommt ein Vogel geflogen.
Wenn ich ein Vöglein wär.

Märchen:

Kalif Storch (Hauffs Märchen)

Biblische Bezüge

AT: Wachteln als Speise des Volkes Israel bei seinem Zug durch die Wüste (Ex 16,12 – 13)
Noah ließ einen Raben ausfliegen (Gen 8,7)
Die Raben brachten Elias Brot und Fleisch (1 Kön 17,6)

NT = Symbol der Taube als Heiligen Geist (Mt 3,16)

Thema 11: SONNE

a) Welche Wortkombinationen mit „Sonne“ lassen sich finden?
Wortpaare
b) Wir erfrischen uns! (Geschmackstest mit Erfrischungsgetränken)
c) Wir brennen Sonnenscheiben (Schmelzgranulat)
d) Lieder zum Thema
Märchen
Der Sonnengesang des hl. Franz von Assisi

Zu a)
Welche Wortkombinationen lassen sich finden?

Sonnenstrahl, Sonnenschein, Sonnenblume, Sonnentierchen
Sonnenschutz: Sonnenhut, Sonnenschirm, Sonnenbrille, Sonnenblende, Sonnendach, Sonnenverdeck
Sonnenseite: Sonnenterrasse, Sonnendeck, Sonnenbad, Sonnenöl, Sonnenbrand, Sonnenstich
Höhensonne
Sonnensystem: Sonnenaufgang, Sonnenuntergang, Sonnenfinsternis, Mitternachtssonne, Sonnenwende
Sonnenkult: Sonnengott, Sonnengesicht (indianisches Zeichen), christlich = Gnadensonne, Freudensonne

Wortpaare
Nach Regen folgt (Sonne)
In Schnee und (Eis)
In Grund und (Boden)
Bei Nacht und (Nebel)
In Saus und (Braus)
In Bausch und (Bogen)
Mit Sang und (Klang)
Ohne Rast und (Ruh)
Mit Pauken und (Trompeten)
Blitz und (Donner)
Feuer und (Flamme)
Stadt und (Land)
Himmel und (Hölle)
Haus und (Hof)
Katz und (Maus)
Lug und (Trug)
Schuld und (Sühne)

Zu b)
Wir erfrischen uns! (Geschmackstest)
Verschiedene Erfrischungsgetränke werden bereits vor Beginn der Therapiestunde in neutrale

Gläser gefüllt und abgedeckt. Sie müssen nun ohne nähere Angaben – nur nach ihrem Geschmack – erkannt werden. Es eignen sich dazu:

Zitronensaft	Coca Cola
Orangensaft	Buttermilch
Wasser (Natursprudel)	Eiskaffee
Grapefruitsaft	Limonade
kalter Tee	Himbeerwasser

Zu c)

Wir brennen Sonnenscheiben (Schmelzolan)

Material: Back-oder Brennofen
Schmelzgranulat in verschiedenen Farben
Blechformen
Teelöffel
Stricknadel
Kork, Stopfnadel, Kerze, Streichhölzer
Nylonschnur

Technik:
Mit einem Teelöffel werden in drei runde Blechformen unterschiedlicher Größe (z. B. 12,5 cm, 9,5 cm, 5,5 cm Durchmesser) bunte Granulatsteine eingestreut.

Die Brennformen sind im Handel erhältlich, es können aber auch flache Blechdeckel leerer Keks- oder Kosmetikdosen dazu verwendet werden.
Farb- und Formgebung bleiben jedem Teilnehmer frei überlassen.
Sind die Formen gleichmäßig gefüllt, können sie bei einer Temperatur von 180 – 200° auf mittlerer Höhe in den Ofen geschoben werden. Innerhalb von 15 – 20 Minuten schmilzt das Schmelzolan zu bunten Scheiben, die sich nach dem Abkühlen aus der Form lösen lassen.
Es empfiehlt sich, vor dem Einschieben in den Ofen mit einer Stricknadel am Rand der Form entlangzufahren, um eine Zackenbildung oder ein übermäßiges Ankleben zu vermeiden.
Mittels einer Stopfnadel, die mit dem hinteren Ende auf einen Korken gesteckt und an einer brennenden Kerze glühend gemacht wurde, können kleine Löcher in die erkalteten Scheiben gestochen und diese an Nylonfäden befestigt werden.
Ans Fenster oder auf eine helle Tapete gehängt, ergeben sie einen reizvollen Schmuck.

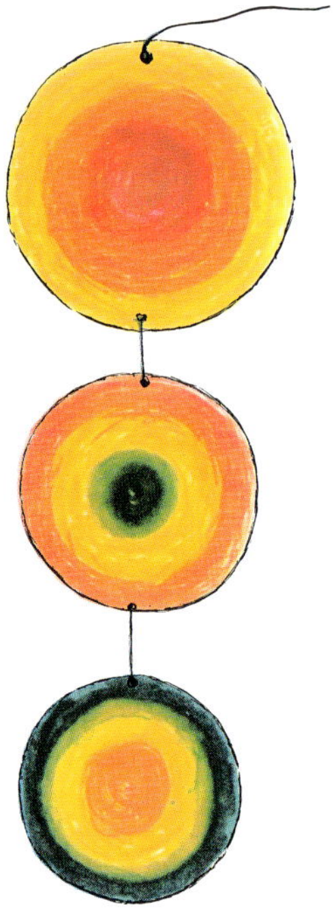

Zu d)

Lieder zum Thema:

Im Frühtau zu Berge.
Wer recht in Freuden wandern will.
Wenn die bunten Fahnen wehen.
Goldne Abendsonne.
Die güldne Sonne voll Freud und Wonne.
Morgenglanz der Ewigkeit.
Sonne der Gerechtigkeit.
Kanon: Vom Aufgang der Sonne bis zu ihrem Niedergang.

Märchen:

Die klare Sonne bringt's an den Tag (Grimms Märchen)

Sonnengesang des hl. Franz von Assisi (Auszug)

Lob sei dir, du Herre mein,
mit all deinen Geschöpfen,
zumal der Schwester, der Sonne,
denn sie ist der Tag, und sie spendet das Licht uns durch sich.
Und sie ist schön und strahlend in großem Glanz.
Dein Sinnbild trägt sie, du Höchster.

Lob sei dir, du Herre mein, durch den Bruder, den Mond, und die Sterne,
am Himmel hast du sie gebildet
hell leuchtend und kostbar und schön.

Lob sei dir, du Herre mein, durch Bruder Wind
und durch Lüfte und Wolken und heiteren Himmel und jegliches Wetter,
durch welches du deinen Geschöpfen den Unterhalt gibst.

Lob sei dir, du Herre mein, durch die Schwester, das Wasser;
gar nützlich ist sie und demutsvoll und köstlich und keusch.

Lob sei dir, du Herre mein, durch Bruder Feuer,
durch den du erleuchtest die Nacht;
und er ist schön und fröhlich und kraftvoll und stark.

Lob sei dir, du Herre mein,
durch unsere Schwester, die Mutter Erde, die uns ernährt und lenkt
und mannigfache Frucht trägt
und buntfarb'ne Blumen und Kräuter.

Lob sei dir, du Herre mein, durch unseren Bruder, den leiblichen Tod;
ihm kann kein Mensch lebend entrinnen.
Unheil wird jenen, die in Todsünden sterben.

Lobet und preiset den Herren mein,
und erweiset ihm Dank und dient ihm mit großer Demut.

Thema 12: PERLEN

a) Aus welchem Material können Perlen bestehen?
Wozu werden Perlen verwendet? (Muster)
b) Zahlensalat (Farb-Kombinationstest)
c) Wir entwerfen einen Perlenuntersetzer
d) Lieder zum Thema
Literarischer Bezug
Stichworte aus der Bibel

Zu a)

Aus welchem Material können Perlen bestehen?

(Pirula = kleine Birne)

- Knochen, Früchten (Afrika)
- Muschelperlen (See- und Flußperlen aus Japan, Indien, Südamerika)
- Bernstein, Korallen
- Elfenbein, Büffelhorn
- Silber, Gold
- Bergkristall, Halbedelstein, Edelstein
- Glas, Porzellan
- Bast, Holz
- Ton, Knet (Fimoik)
- Wachs, Kunststoff.

Wozu werden Perlen verwendet?

- Frühe Handelsware im Orient und zur Römerzeit.
- Schmuck: Ketten, Armbänder, Ringe, Ohrringe, Nasenringe, Haarspangen, Stirnreife, Diademe, Kronen, Hutnadeln, Krawattennadeln, Broschen, Knöpfe, Schlösser, Dosen, Spiegel, Schmuckkasten, sakrale Gegenstände
- Perlenstickerei: Altardecken, Priestergewänder, seit dem Mittelalter in Sizilien und Byzanz auch auf den Kleidern der Vornehmen, Abendkleider, Umhänge, Kopfbedeckungen, Halsbänder, Stirnbänder, Schnallen, Schuhe (Pantoffeln), Taschen, Divandecken, Gardinen, Bucheinbände, Geldbeutel
- Perlenweberei: Untersetzer, Taschen, Stirnbänder, Halsbänder, Wandbehänge, Gardinen, Perlenvorhänge
- Christbaum- und Ostereierschmuck (in Wachs gedrückt).

Möglichst viele Mustergegenstände mitbringen!

Zu b)

Zahlensalat (Farb-Kombinationstest)

Zu diesem Test werden vom Gruppenleiter aus buntem Karton Rechnungskärtchen mit Plus-, Minus, Mal- und Geteilt-Aufgaben hergestellt. Größe: 3 × 8 cm, Farben nach Rechnungsart verschieden. Die richtigen Ergebnisse finden sich auf 3 × 3 cm großen Kärtchen in der dazu passenden Farbe.

Die Karten mit den Rechenaufgaben werden nebeneinander auf den Tisch gelegt, die Antwortkärtchen in einen Beutel geschüttet, aus dem jeder Mitspieler der Reihe nach eines dieser Kärtchen entnimmt und versucht, an die richtige Stelle zu legen. Die Schwere der Rechenaufgaben hat sich nach den Fähigkeiten der Gruppenteilnehmer zu richten. Jeder Teilnehmer sollte 3 – 4 Mal an die Reihe kommen.

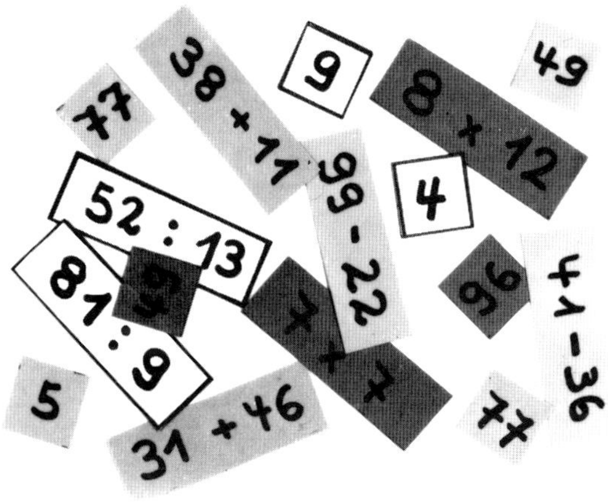

Zu c)

Wir entwerfen einen Perlenuntersetzer

Material: Perlen in verschiedenen Farben
Preßspanplatten
Nägel, Hammer
Kork am Meter
Uhu, Schere

Technik:

Als Vorbereitung zu dieser Werkarbeit muß der Gruppenleiter Nagelbrettchen aus Preßspanplatten anfertigen. Die kleinen, vernickelten Nägelchen sollten in der Mitte der ca. 17 × 17 cm großen Platten quadratisch angeordnet werden, je nach Größe der gewünschten Perlenuntersetzer. Der Abstand der einzelnen Nägel richtet sich nach dem Durchmesser der Perlen. So werden z. B. bei Holzperlen mit einem Durchmesser von 1,2 cm auf einer Fläche von 12 × 12 cm 100 Nägel jeweils im Abstand von 1,2 cm eingeschlagen. Die Länge der Nägel ist nach der Dicke der Spanplatte und der Höhe der Perlen zu berechnen. Sie dürfen die Platte nach unten und die Höhe der Perlen nach oben nicht überragen. Bei den hier erwähnten Holzperlen und einer Spanplatte von 8 mm Durchmesser wären vernickelte Messingstifte von 1,2 × 13 mm geeignet.

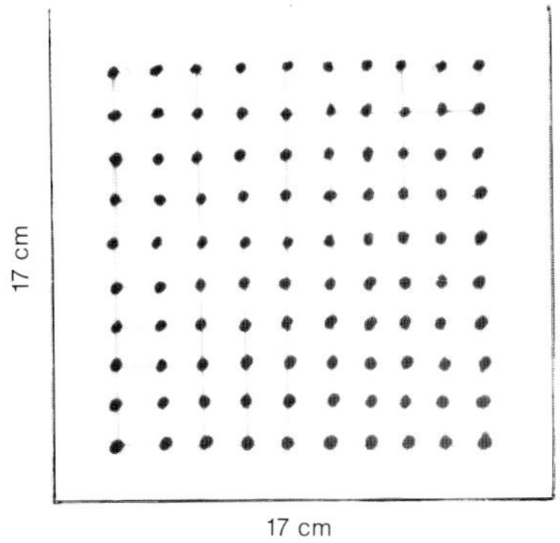

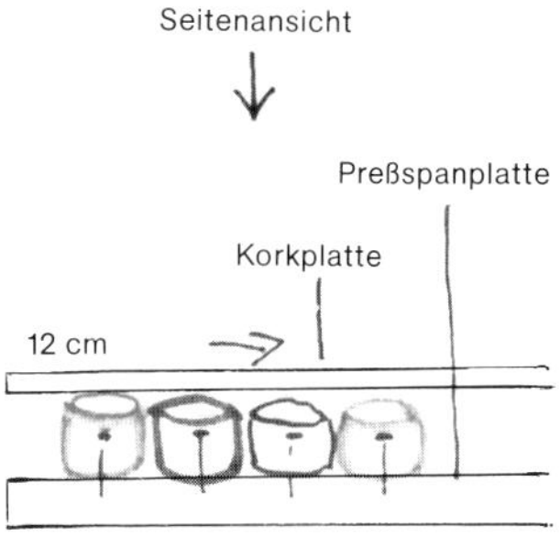

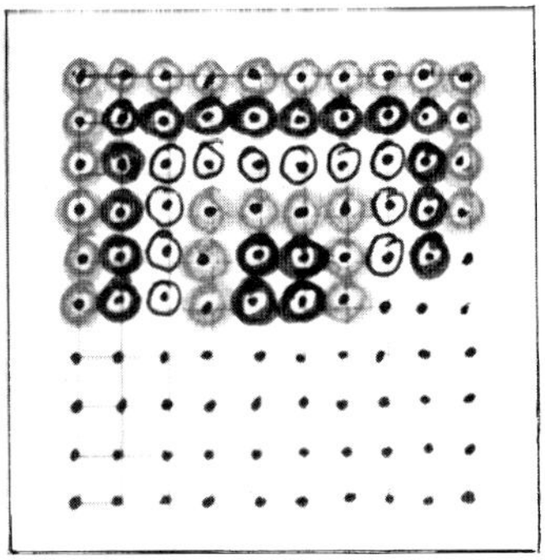

Jeder Gruppenteilnehmer erhält ein so vorbereitetes Nagelbrettchen und kann die Perlen nun in gewünschter Farbe und Musterung – je Nagel eine Perle – einlegen.
Sind alle Nägel besetzt, werden die Perlen mit einer Deckplatte 12 × 12 cm beklebt. Dazu eignet sich Kork am Meter, 3 mm dick, (oder eine stabile Korktapete) der sich mit einer großen Schere oder einem scharfen Messer zurechtschneiden läßt.
Ist der Klebstoff richtig angetrocknet, kann die Nagelplatte auf den Kopf gestellt und herausgehoben werden. Der Perlenuntersetzer ist fertig!

Mustervorschläge:

Für Muster A wurden:
48 rote Perlen
32 dunkelbraune Perlen
20 weiße Perlen

Muster B:
32 rote Perlen
40 dunkelbraune Perlen
28 weiße Perlen
benutzt.

A
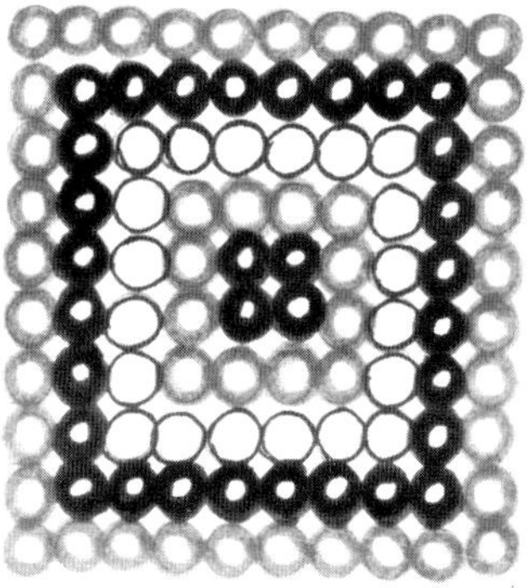

B

Zu d)
Lieder zum Thema:
Ein Heller und ein Batzen.
Gold und Silber lieb ich sehr.
Im Frühtau zu Berge.
Ich weiß nicht, was soll es bedeuten.
Wohlauf in Gottes schöne Welt.
Schönster Herr Jesus.
Mich verlangt nicht nach Schätzen.
Mein schönste Zier und Kleinod bist.

Literarischer Bezug:
Hermann Hesse, Das Glasperlenspiel

Stichworte aus der Bibel:
AT: Die Weisheit ist edler als Perlen (Spr 3,15), höher zu werten als Perlen (Ijob 28, 18)
NT: Man soll die Perlen nicht vor die Säue werfen (Mt 7, 6)
Die sieben Gleichnisse vom Himmelreich (Mt 13, 46)
Vom Wert des Perlenschmucks (1 Tim 2, 9)

Thema 13: FESTE FEIERN

a) Was heißt feiern?
Welche Anlässe werden gefeiert? (Festkalender)
b) Suchbilder (Puzzles zu den Festtagen – Kombinationstest)
c) Wir bedrucken Servietten (Kartoffeldruck)
d) Lieder zum Thema
Gedichte zum Geburtstag und Namenstag
Geburtstagsfeier biblisch gesehen
Hochzeitsfeier im Orient

Zu a)

Was heißt feiern?

In besonderer Weise eines traurigen oder freudigen Ereignisses gedenken.

Welche Anlässe werden gefeiert?

- Persönliche Gedenktage (fremde und eigene):
  Geburtstag – Namenstag
  Jubiläen (geschäftliche und private)
  Taufe – Kommunion – Konfirmation
  Verlobungstag – Hochzeitstag
  Todestag
- Weltliche Gedenktage:
  Neujahrstag
  Fasching (Karneval)
  1. Mai (Tag der Arbeit)
  Muttertag (2. Sonntag im Mai)
  17. Juni (Tag der Deutschen Einheit)
  Volkstrauertag
- Kirchliche Gedenktage:
  Sonntag = 1. Tag der Woche (Auferstehungstag Jesu) = christlicher Ruhetag
  Samstag = letzter Tag der Woche (nach sechs Schöpfungstagen ruht Gott am siebten Tage aus) = jüdischer Ruhetag
  Freitag = Mohammed steigt mit seinem weißen Roß in den Himmel auf = islamischer Ruhetag
- Christliche Gedenktage:
  Advent – Weihnachten
  Karfreitag – Ostern
  Himmelfahrt – Pfingsten (Mariä Himmelfahrt)
  Erntedank
  Allerheiligen – Allerseelen
  Totensonntag

Der Geburtstag ist **kein** christlicher Gedenktag! (Nähere Hinweise dazu unter Punkt d)

Zu b)

Suchbilder (Puzzles zu den Festtagen)

Zu diesem Kombinationstest bringt der Therapieleiter „Feiertagspuzzles“ mit, die in ihrem Motiv deutlich einen der genannten Gedenktage erkennen lassen. Er kann diese herstellen, indem er Farbdrucke (z. B. Kalenderblätter), die einen feierlichen Anlaß darstellen, zerschneidet oder selbst welche entwirft (s. Abbildung S. 54).

Wir zeigen den Gruppenteilnehmern zunächst nur einen Bildabschnitt, dann immer einen mehr, bis geraten wird, um welchen feierlichen Anlaß es sich handelt.

Zu c)

Wir bedrucken Servietten (Kartoffeldruck)

Material: Servietten (einfarbig)
- Kartoffeln
- Küchenmesser
- Plaka-Farben
- Pinsel
- Wasserbehälter
- Zeitungspapier zum Abdecken des Arbeitsplatzes

Technik:

Als Vorbereitung zur Werkarbeit fertigt der Gruppenleiter Kartoffelstempel mit verschiedenen Motiven an. Hierzu wird eine Kartoffel zunächst der Länge nach mit einem kleinen Küchenmesser durchgeschnitten, das gewünschte Motiv aufgemalt und dann mit dem Messerchen etwa 1/2 cm hoch herausgearbeitet.

Die so entstandenen Stempel können von den Gruppenteilnehmern mit verschiedenen Plaka-Farben bepinselt und in beliebiger Reihenfolge auf die Servietten gedruckt werden.

Bei besonderer Geschicklichkeit ist es möglich, an Stelle von Papierservietten Leinenservietten mit Stoffarbe zu bedrucken.

Zu d)

Lieder zum Thema:

Freut euch des Lebens.
Gold und Silber lieb ich sehr.
Wenn alle Brünnlein fließen.
In einem kühlen Grunde.
Ein Vogel wollte Hochzeit machen.
All mein Gedanken, die ich hab.

Gedichte:
Zum Namenstag

Dein Name

Du hörst auf den Namen. Er ward Dir gegeben
als Eigentum für Dein ganzes Leben.
Er soll Dich zu einem Besonderen machen,
soll täglich über Dein Menschsein wachen.
Und wer da diesen Namen spricht,
sieht das vertraute Menschengesicht,
das da den Namen hüllt und belebt,
das Menschsein, das dahinter steht.

Du selbst machst den Namen zu einem Zeichen,
Du kannst durch dieses Zeichen erreichen,
daß Menschen Dich von Herzen verehren.
Du kannst durch die Kraft des Zeichens verwehren,
daß Dunkles und Böses in uns erwacht.

Und Liebe macht den Namen zur Macht,
die Gottes Güte den Freunden verkündet
und sich mit den heiligen Menschen verbündet,
die diesen Namen getragen.

Du kannst von Deinem Namen sagen:
Den trage ich einst in die Ewigkeit.
Er überdauert die kurze Zeit,
die man das Leben auf Erden heißt,
weil er in die Auferstehung weist.

Der Name ist daher kostbar und groß,
ist ja nicht nur Stempel auf Erden bloß.
Mit ihm wird der Herr beim Gericht Dich rufen,
damit Du ersteigest des Himmels Stufen.

Er ist das Siegel der Seligkeit.
Macht das nicht die Freude groß und weit?
Der Name wird ewig nicht mehr vergehen,
wird leuchtend im Buche Gottes stehen.

Josef Maria Heinen

Zum Geburtstag

Das wünsch ich Dir, daß jeder Tag
in diesem Jahr Dir geben mag:
Zum Freuen ein Teilchen,
zum Trösten ein Weilchen,
einen Menschen zum Lieben,
einen Freund, der verschwiegen,
ein Stündchen zum Rasten,
Geduld für die Lasten,
beim Morgenerwachen
ein Sonnenlachen
und abends den Schimmer
der Sterne im Zimmer;
zur Nacht Engels Hut
und Schlaf tief und gut
und jeden Tag ein frohes Bergauf!
Ich sag Dir meinen Glückwunsch darauf.

Muttertag

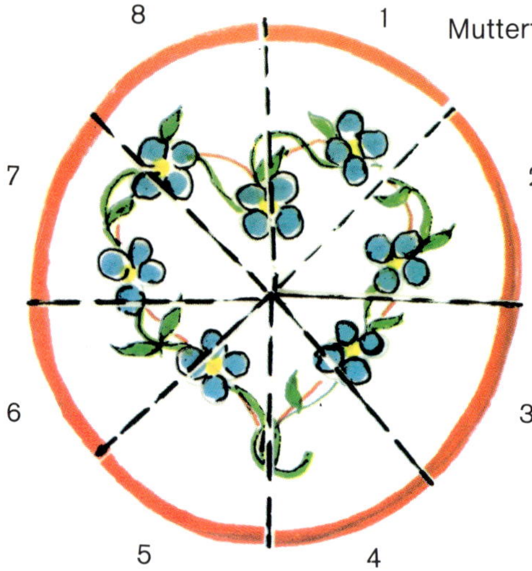

Ostern

Pfingsten

Der Radius
der tatsächlichen
Suchbilder
beträgt 16 cm

3. Advent

Geburtstagsfeier biblisch gesehen:
Der Geburtstag ist ursprünglich **kein** christlicher Gedenktag. In der Bibel werden nur zwei Geburtstagsfeiern erwähnt, beide in Zusammenhang mit Tötungen:
Der ägyptische Pharao läßt anläßlich seines Jahrestages seinen Bäcker erhängen (Gen 40, 22).
Zum Geburtstag des Herodes fordert Salome das Haupt Johannes des Täufers (Mt 14, 6 – 10).
Auch der Geburtstag Jesu ist nicht bekannt. Kaiser Konstantin hat ihn symbolisch auf den Termin zur Wintersonnenwende gelegt, aus der Geburtsgeschichte aber ist zu entnehmen, daß er im Oktober stattgefunden haben muß (die Hirten waren noch auf dem Felde bei den Schafen).
Der Apostel Paulus schließlich erläutert die richtige Haltung eines Christen zu Feiertagen: „Ob er nun feiere oder nicht, der tue beides zur Ehre Gottes“ (Röm 14,5 – 7).

Hochzeitsfeier im Orient:
Hochzeiten werden im Orient immer ausgiebig gefeiert (auch heute noch) und sind in der Bibel häufig erwähnt.
Bekanntester Bericht: Die Hochzeit zu Kana (Joh 2,1 – 11).

Thema 14: FISCHE

a) Wodurch unterscheiden sich die verschiedenen Fischarten?
Welche Fische sind Ihnen bekannt, und wozu werden sie genutzt?
b) Ein Zaubertrick wird aufgedeckt (Wahrnehmungsübung)
c) Wir prägen Kupferfolie (Buchzeichen, Zündholzdeckel)
d) Lieder zum Thema
Märchen
Bilderquiz

Zu a)

Wodurch unterscheiden sich die verschiedenen Fischarten?

- Salzwasserfische (Meeresfische)
- Süßwasserfische (Bäche, Flüsse, Seen) – beide zusammen 25000 Arten
- Eierlegende Fische (Laich)
- Lebendgebärende Fische (Wale, Rochen, selten Haie)
- Zierfische (Aquarienfische)
- Nutzfische

Welche Fische sind Ihnen bekannt, und wozu werden sie genutzt?

Salzwasserfische:

- Wal: 20 – 30 m lang, schwer wie 200 Ochsen, Pflanzenfresser
- Hai: 7 m lang, 150 Arten, Raubfisch (fünf Reihen Zähne), Öl, Kopf und Flossen (Leim), Haut (Taschen, Schuhe)
- Rochen: 3 – 4 m lang, Sägefisch
- Stör: 2 m lang, Kaviar
- Thunfisch: 1,5 m lang, Wohlgeschmack (Makrele), Mittelmeer
- Scholle: veränderlicher Plattfisch, Wohlgeschmack, Nordsee
- Hering: 30 cm lang, Nordmeere, grüner Hering, marinierter H., Brathering, Salzhering, Bückling, Rollmops.
- Kabeljau: Dorsch, Dorschleber (Lebertran), Rogen (deutscher Kaviar), Haut (Leder), Stockfisch (getrocknet auf Stangen), Klippfisch (aufgeschnitten, gesalzen, an Felsen getrocknet), Abfälle (Fischmehl, Dünger)

Süßwasserfische:

- Forelle: 1 m lang, Raubfisch, Wohlgeschmack
- Barsch: Stachelflosser (Flußbarsch, Seebarsch, Rotbarsch, Hechtbarsch [Zander])
- Hecht: 1,5 m lang, größter Süßwasserraubfisch, verschlingt seine Beute ganz
- Karpfen: Hauptfisch der Teichwirtschaft, vier Barteln am Maul
- Wels: sechs Barteln, schuppenlos

– Aal: Weibchen 1,5 m, Männchen 45 cm lang, schlangenförmiger, räuberischer Nachtfisch, geräuchert besonders schmackhaft. Am gesündesten sind Tiefkühlfische!

Zierfische:
– im Meer: Rotfeuerfisch, Korallenfisch, Putzerfisch
– im Süßwasser (kalt): Goldfisch, Schleierschwanz
– im Süßwasser (warm): Guppy, Diskus, Scalare, Neonfische, Schwertschwanz, Salmler (Zebra-, Keilschwanzsalmler)

Zu b)
Ein Zaubertrick wird aufgedeckt (Wahrnehmungsübung)
Fünf Streichholzschachteln werden zur genauen Inspizierung unter die Teilnehmer verteilt und dann vom Gruppenleiter nebeneinander auf den Tisch gelegt, mit der Unterseite nach oben. Er dreht der Tischrunde den Rücken zu und bittet einen der Zuschauer, ein Streichholzkästchen um 180 Grad zu drehen.
So oft dieser Vorgang wiederholt wird, errät er, zum großen Erstaunen aller Anwesenden, welches Kästchen gedreht worden ist.

Trickauflösung:
Bei vielen Streichholzschachteln sind die farbigen Ränder an den Schmalseiten der Schachtelhülle verschieden breit. Man sucht also fünf Streichholzschachteln, bei denen die Randbreite besonders unterschiedlich ist. Diese fünf Schachteln legt man mit der Rückseite nach oben nebeneinander auf den Tisch.
Es ist hierbei zu beachten, daß beim ersten Auslegen jeweils die Seiten mit dem breiten Rand nebeneinanderliegen. Nun kann ein Zuschauer hinter dem Rücken des Spielleiters eine, gar keine oder mehrere Schachteln verdrehen, er sieht an der Lage sofort, welche der Schachteln gedreht worden ist, da die Schachtelränder nicht mehr übereinstimmen.
Will man den Trick wiederholen, so ist es am besten, die Streichholzschachteln mehrfach durcheinanderzulegen, wobei aber wieder darauf zu achten ist, daß die Randmarkierungen gleicher Breite nebeneinander zu liegen kommen.
Der Trick wird so lange wiederholt, bis er von einem Zuschauer aufgedeckt wird!

Zu c)
Wir prägen Kupferfolie (Buchzeichen, Zündholzdeckel)

Material: Kupferfolie
Schere, Lineal
spitzer Bleistift
Häkelnadel oder leergeschriebener Kugelschreiber
Zeitungen als Unterlage
Uhu oder Pattex
Patiniermittel und Schwämmchen
weiche Lappen
Schutzlack, Pinsel, Pinselreiniger

Technik:

Um den Teilnehmern der Therapiestunde die Arbeit zu erleichtern, hat der Gruppenleiter bereits vor Beginn der Stunde Kupferfolienstücke (Stärke 0,08 mm) in den Größen 8 × 5 cm (Buchzeichen) und 3,5 × 5 cm (Zündholzdeckel) zugeschnitten.

Diese werden nun mit einfachen Formen: Wellenlinien, Kieselsteinen, Wassertropfen, kleinen Fischen, Pflanzen, verziert, indem zunächst mit einer Metallhäkelnadel (Stärke 1,5 – 2,5) oder einem leergeschriebenen Kugelschreiber Konturen in die Folie gedrückt werden. Dabei ist darauf zu achten, daß die erhabenen Stellen später glänzend erscheinen. Ist der Entwurf fertig, kann die ausgestanzte Kontur noch dadurch verstärkt werden, daß man auf der Rückseite an beiden Seiten der Entwurfslinie entlangfährt. Einige Formen können auch mit einer groben Häkelnadel ganz plastisch herausgedrückt werden, z. B. Steine, Wasserperlen, Blumenblätter. Ist das Bild klar herausgearbeitet, wird es mit Pattex auf der Oberseite der Zündholzschachtel, bzw. auf der Rückwand des Buchzeichens festgeklebt. Letztere kann aus Postkartenkarton oder farbigem Tonpapier bestehen und sollte an den Rändern etwa 5 mm überstehen. Wird die Streichholzschachtel zweckentfremdend benutzt, z. B. zur Aufbewahrung von Pillen, Nadeln, Büroklammern, können auch die Reibflächen mit buntem Tonpapier beklebt werden.

Anschließend wird die Kupferfolie durch Abtupfen mit einem kleinen Schwamm, der zuvor in Färbemittel getaucht wurde (tropffrei ausdrükken!), patiniert. Die so entstandene schwarze Oxydschicht läßt man an der Luft 3 – 5 Minuten trocknen. Dann können die erhabenen Stellen mit etwas Stahlwolle Nr. 00 oder Nr. 000 (es gibt im Fachhandel auch einen Spezial-Radiergummi) abgerieben und mit einem weichen Tuch nachpoliert werden.

Ein Überzug mit Schutzlack (Plaka-Klarlack oder Zaponlack) verhindert das erneute Schwarzwerden des Kupfers.

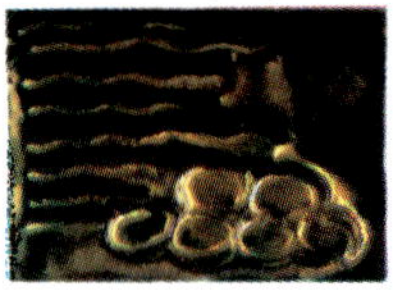

Das Buchzeichen kann nach oben beliebig verlängert und eventuell noch mit einem Bändchen versehen werden.

Zu d)

Lieder zum Thema:

Wem Gott will rechte Gunst erweisen.
Eine Seefahrt, die ist lustig.
Jetzt fahr'n wir übern See, übern See.
Als wir jüngst in Regensburg waren.
Wenn die bunten Fahnen wehen.
Ich weiß nicht, was soll es bedeuten.
Es freit ein wilder Wassermann.
Wenn das Wasser vom Rhein lauter Wein wär.

Märchen:

Vom Fischer und seiner Frau (Plattdeutsches Märchen)

Bilderquiz:

Drei bekannte biblische Geschichten sollen an Hand von Bildern erraten und in ihrem Inhalt wiedergegeben werden. Die Rätselbilder lassen sich aus Fotokarton und Buntpapier einfach herstellen. Sie sollten mindestens DIN A4 Format haben.

AT: Jona und der große Fisch (Jona 1,3 – 16)
NT: Des Petrus Fischzug (Lk 5,1 – 11)
Die Speisung der 5000 (Mt 14,15 – 21)

Foto: KLIJN/present

Thema 15: BUNTE STRÄUSSE

a) Woran denken Sie bei dem Wort „Strauß"?
Doppelsinnwörter
b) Instrumenteraten (Hörtest)
c) Wir binden einen Blumenstrauß (Applikation mit Wolle und Filz)
d) Lieder zum Thema
Märchen
Künstlerischer Bezug

Zu a)
Woran denken Sie bei dem Wort „Strauß"?

- **Blumenstrauß:**
  Welche Blumen lassen sich miteinander kombinieren?
  Nach Jahreszeit: Frühlings-, Sommer-, Herbstblumensträuße, Tannengebinde.
  Nach Anlaß: Geburtstagsstrauß, Muttertagsstrauß, Hochzeitsstrauß, Osterstrauß, kleine Sträuße zur Kommunion und Konfirmation, Advent- und Weihnachtsgestecke, Grabstrauß.
  Was soll durch Blumen ausgedrückt werden?
  Freude, Anerkennung, Dank, Liebe, Mitgefühl.
  Besondere symbolhafte Bedeutung in Japan: Ikebana = Blumen als Ausdrucksmittel der Beziehung zwischen Himmel, Erde, Mensch.
- **Vogel Strauß:**
  größter lebender Vogel (ohne fliegen zu können!), kleiner Kopf, nackter Hals, nur zwei Fußzehen, 1,5 kg schwere Eier, die von beiden Eltern gebrütet werden. Angeblich steckt er bei Gefahr den Kopf in den Sand. Seine Schwanzfedern dienen als Schmuck (Fächer, Hüte).
- **Oskar Strauß:**
  österreichischer Komponist (1870): Der Walzertraum, Letzter Walzer.
- **Wiener Musikerfamilie:**
  Vater Johann Strauß (1804 – 1849): Gründer des Straußorchesters, Radetzkymarsch.
  Sohn Johann Strauß (1825 – 1899): Walzerkönig, 500 Werke. Operetten: Die Fledermaus, Die Nacht in Venedig, Zigeunerbaron, Wiener Blut. Walzer: An der schönen blauen Donau, Kaiserwalzer, Frühlingsstimmenwalzer, Geschichten aus dem Wienerwald.

- **Richard Strauss:**
  deutscher Opernkomponist (1864): Till Eulenspiegel, Salome, Elektra, Rosenkavalier, Arabella.
- **Lulu v. Strauß u. Torney:**
  deutsche Dichterin (1873): Balladen, Kulturgeschichtliche Studien (aus dem Leben der Hl. Elisabeth).

Doppelsinnwörter:

Blume	=	Planze, Hasenschwanz, Geschmack des Weines
Iris	=	Schwertlilie, griechische Götterbotin, Teil d. Auges
Ton	=	Klang, Knetmasse (Lehm)
Pfeife	=	Trillerpfeife, Raucher-(Tabaks-)Pfeife, Orgelpfeifen
Hahn	=	Wasserhahn, männlicher Hühnervogel
Star	=	Augenkrankheit, berühmte Persönlichkeit, Vogel
Birne	=	Glühbirne, Obst
Tau	=	Seil, Frühregen
Stift	=	Nagel, Lehrling, Schreibgerät (Bleistift)
Amerikaner	=	Bürger der USA, oder US-Bürger, Gebäcksorte
Ball	=	Spielzeug, Tanzveranstaltung
Blatt	=	Schreibblatt, Blatt am Baum
Löffel	=	Eßbesteck, Hasenohr
Decke	=	Zimmerdecke, Wolldecke
Feder	=	Schreibfeder, Vogelfeder, Industriefeder (Metall)
Brücke	=	Zahnersatz, Verbindung von zwei Ufern
Horn	=	Musikinstrument, Auswuchs am Kopf der Tiere
Spieß	=	Feldwebel, Wurfspieß, Grillspieß
Schuppen	=	Fischhaut, Haarschuppen, Aufbewahrungsraum
Scholle	=	Fisch, verklumpte Erde
Schimmel	=	Pferd, Pilzbefall
Schloß	=	Gebäude, Türriegel
Tor	=	Durchgang, Treffer im Fußball, törichter Mensch
Ordner	=	Aktenordner, Aufseher
Boxer	=	Hunderasse, Sportler
Krebs	=	Schalentier, Krankheit, Sternbild
Futter	=	Kleiderstoff, Tiernahrung
Pferd	=	Reittier, Turngerät
Ente	=	Wasservogel, falsche Nachricht
Kerze	=	Wachslicht, Zündkerze, gymnastische Übung
Reif	=	Schmuckstück, Spielgerät, Morgentau im Winter.

Zu b)

Instrumenteraten (Hörtest)

Die Anfangstakte bekannter Musikstücke werden mit den für sie typischen Instrumenten auf Band aufgenommen und den Teilnehmern der Therapiestunde vorgespielt. Dabei sollen Instrumente, Musiktitel und auch Komponisten erraten werden. Eine Kassette dieser Art liegt dem Buch „Heitere Gedächtnisspiele" von Fr. Dr. Fr. Stengel bei.

Zu c)

Wir binden einen Blumenstrauß

(Applikation aus Wolle und Filz)

Material: Zeichenkarton
Zirkel, Bleistift, Schere
Wollreste

Filz (grün und gelb)
Uhu
Bast am Meter
Styroporplatte
Plastikdecke zum Abdecken des Arbeitsplatzes

Technik:
Als Vorbereitung zu dieser Werkarbeit werden von dem Gruppenleiter mit Hilfe eines Zirkels Pappringe in zwei verschiedenen Größen ausgeschnitten:
äußerer Radius 3 cm – innerer Radius 1,5 cm
äußerer Radius 4 cm – innerer Radius 2,5 cm
Die Anzahl der Ringe richtet sich nach der Anzahl und Geschicklichkeit der Teilnehmer.
Im Laufe der Therapiestunde sollte jeder Teilnehmer versuchen, einen oder zwei Ringe mit verschiedenfarbigem, nicht zu dickem Wollgarn zu umwickeln. Dabei wird der Anfangsfaden des Wollknäuels (es darf nicht dicker sein als das Innenloch der Pappscheibe) am Rande des Kartonringes festgeknotet und dann in gleichmäßigen Abständen von innen nach außen durchgesteckt.

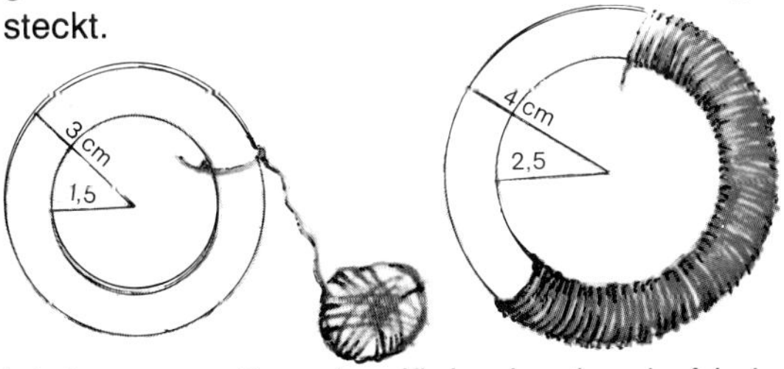

Ist der ganze Pappring lückenlos (es darf kein Karton mehr zu sehen sein) umwickelt, kann das Fadenende ebenfalls verknotet oder mit etwas Uhu auf der Rückseite festgeklebt werden.

Sämtliche Ringe werden dann zu einem Blumenstrauß kombiniert. Stiele und Blätter bestehen aus grünem Filz und können je nach Zeit und Fertigkeit entweder von den Teilnehmern selbst oder von dem Gruppenleiter ausgeschnitten und mit den Blüten gemeinsam aufgeklebt werden.
Als Unterlage hierfür dient eine Styroporplatte (8 – 10 mm stark), die mit Bast am Meter beklebt wurde und deren Größe sich nach der Anzahl der Blumen richtet.
Auf der Rückseite wird ein Aufhänger befestigt.
Besonders dekorativ wirkt der Blumenstrauß, wenn in die Mitte der größeren Blüten gelbe, runde Filzblättchen eingeklebt werden (Staubgefäße!).

Über den Stielen wird eine Schleife aus gelben Filzstreifen oder gedrehten Wollfäden so festgeheftet, daß der Eindruck entsteht, der Strauß würde davon zusammengehalten.

Zu d)

Lieder zum Thema:

Ein Sträußchen am Hute.
Im schönsten Wiesengrunde.
Ich ging im Walde so für mich hin.
Sah ein Knab ein Röslein stehn.
Rosenstock, Holderblüt.
Geh aus mein Herz und suche Freud.
Die Blümelein, sie schlafen.
Guten Abend, gut' Nacht.

Märchen:

Rotkäppchen (Grimms Märchen)

Künstlerischer Bezug:

Abbildungen bekannter Gemälde, die einen Blumenstrauß darstellen, werden gezeigt und besprochen. Zum Beispiel:
„Veilchenstrauß"/Albrecht Dürer (1471 – 1528)
„Frühlingsstrauß"/Jan Breughel d. Ä. (1568 – 1625)
„Sonnenblumenstrauß"/Vincent van Gogh (1853 – 1890)

Thema 16: HANDWERKER

a) Handwerker von A – Z
b) Lustiges Beruferaten (Erkennungsspiel)
c) Wir arbeiten mit Klammern (Servietten-, Briefständer)
d) Lieder zum Thema
Buchhinweis
Biblische Handwerksberufe

Zu a)

Handwerker von A – Z:

(Handwerk = Werk der Hände)

A Anstreicher, Autoschlosser
B Bäcker, Bodenleger, Büglerin, Buchbinder, Bildhauer
C Cutter, Chirurg
D Dachdecker, Dreher, Drucker, Dekorateur
E Elektriker, Edelsteinschleifer
F Färber, Fensterputzer, Friseur, Fotograf, Feinmechaniker
G Gerber, Gärtner, Glaser, Glasbläser, Goldschmied, Geigenbauer
H Häfner, Hutmacher, Hebamme
I Installateur, Instrumentenbauer
J Jongleur, Juwelier
K Konditor, Kürschner, Küfer, Klemptner, Kunstschlosser, Kulissenschieber
L Leineweber, Ledergerber, Lackierer
M Metzger, Müller, Modistin
N Näherin, Notenschreiber
O Optiker, Orgelbauer
P Polsterer, Plattenleger, Parkettleger, Polierer, Putzmacherin
Q Quarzschleifer
R Rolladenmonteur
S Schreiner, Schlosser, Spengler, Schornsteinfeger, Sattler
T Tischler, Töpfer, Tapezierer, Teppichknüpfer, Telefonmechaniker.
U Uhrmacher
V Verputzer
W Weber, Wagner, Weißbinder, Werkzeugmacher, Waschfrau
X Xylograph (Holzschneider)
Y Yawlbauer (Hersteller kleiner Segelboote)
Z Zimmermann, Zahnarzt

Zu b)

Lustiges Beruferaten (Erkennungsspiel)

- **durch Bewegungen:** Die Teilnehmer denken sich der Reihe nach eine Handbewegung aus, die für einen bestimmten Handwerksberuf typisch ist, der daraufhin von der übrigen Tischrunde erraten werden muß. Z. B. Anstreicher, Büglerin, Fotograf, Fensterputzer, Glasbläser, Näherin, Plattenleger, Tapezierer, Weber.
- **durch Gegenstände,** die vom Gruppenleiter mitgebracht wurden: Mehlsieb (Bäcker), Kamm (Friseur), Isolierschraubenzieher (Elektriker), Hobel (Schreiber), Lupe (Uhrmacher), Saugkolben (Installateur), Meißel (Bildhauer), Kelle (Verputzer), Pflanzstab (Gärtner), Wasserwaage (Zimmermann).

Zu c)

Wir arbeiten mit Klammern (Servietten-Briefständer)

Material: Wäscheklammern aus Holz
Uhu oder Pattex
evtl. Holzperlen, Plaka-Farben, Lack
Plastikdecke zum Abdecken des Arbeitsplatzes

Technik:
Zur Herstellung eines Servietten- bzw. Briefständers brauchen wir 21 ganze (42 halbe) Wäscheklammern aus Holz, die als Bastelbedarf im Fachhandel erhältlich sind. Benutzen wir alte Klammern aus Omas Wäschekorb, so müssen die Metallfedern vorher entfernt werden.
Die Werkarbeit ist einfach auszuführen: Immer zwei halbe Wäscheklammern werden mit den Rückseiten so zusammengeklebt, daß sich untenstehende Figur ergibt.

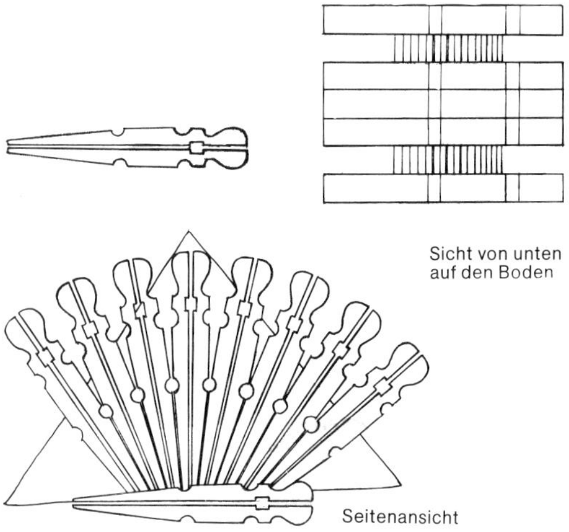

Acht Klammerpaare dieser Art dienen als Vorderseite, acht als Rückseite, fünf als Bodenteil. Die Klammern der Vorder- und Rückseite werden an den Spitzen fächerartig zusammengefügt und mit den Bodenklammern so verklebt, daß je eine die Außenseite flankiert, die übrigen drei die Ablage in der Mitte bilden.

Zur Verschönerung können die Klammerständer noch mit kleinen Holzperlen besetzt oder mit Plaka-Farbe bemalt und lackiert werden.

Zu d)

Lieder zum Thema:
Wer will fleißige Handwerker sehn.
Im Märzen der Bauer.
Das Wandern ist des Müllers Lust.
Es klappert die Mühle am rauschenden Bach.
Ein Jäger aus Kurpfalz.
Es blies ein Jäger wohl in sein Horn.
Ich bin ein freier Wildbrettschütz.
Die Leineweber haben eine saubere Zunft.
Jeder brave Fuhrmann, der muß sein Wagen han.
Ich bin ein Musikante und komm aus Schwabenland.
Es wollt ein Schneider wandern.
Es, es, es und es, es ist ein harter Schluß.

Biblische Handwerksberufe:
Ackerbauer
Bauleute
Bildner (Bildhauer)
Bäcker
Hirte (David)
Holzhauer
Kleiderhüter
Fischer (Petrus, Andreas)

Netzemacher
Jäger (Nimrod, Esau)
Lastenträger
Goldschmied
Musiker (Harfe, Flöte, Pauke, Zimbel)
Teppichmacher
Töpfer
Totengräber
Schlachter

Scherer
Weber (Leineweber)
Ruderer
Schiffsbauer
Zeltemacher
Werkmann
Weinbauer
Waffenträger
Zimmermann

Foto: KLIJN/present

Thema 17: OBST

a) **Welche Obstsorten gibt es?**
Wo wachsen diese?
Was wird daraus gemacht?
Bilderrätsel
b) **Obsteinkauf (Tastübung)**
c) **Wir kleben einen Obstbaum aus buntem Papier (Reißtechnik)**
d) **Lieder zum Thema**
Märchen
Religiöser Bezug

Zu a)
Welche Obstsorten gibt es?
- Steinobst: Pflaumen, Pfirsiche, Mirabellen, Renekloden, Kirschen (Sauerkirschen), Aprikosen, Susinen
- Kerbobst: Äpfel, Birnen, Quitten
- Beerenobst: Erdbeeren, Himbeeren, Brombeeren, Stachelbeeren, Heidelbeeren, Preiselbeeren, Holunderbeeren, Johannisbeeren (weiß, rot, schwarz), Trauben
- Schalenobst: Nüsse, Eßkastanien
- Südfrüchte: Zitronen, Grapefruits, Apfelsinen (Blutorangen), Ananas, Bananen, Mangofrüchte, Feigen, Datteln

Wo wachsen diese?
Steinobst, Kernobst, Schalenobst und Südfrüchte wachsen auf Bäumen, Beerenobst an Sträuchern oder Stauden (Erdbeeren).

Was wird daraus gemacht?
Kompott, Mus (Apfelbrei), Saft, Sirup, Obstwein, Gelee, Marmelade, Paste (Quittenpaste), Kuchenbelag, Dörrobst. Außerdem werden Früchte sterilisiert, kandiert, in Essig oder Alkohol (Rum) eingelegt.

Bilderrätsel:
Zusammengesetzte Hauptwörter sollen an Hand von Zeichnungen erraten werden. (Abbildungen nächste Seite).

Zu b)
Obsteinkauf (Tastübung)
Verschiedene Obstsorten werden in einen verschließbaren Einkaufs- oder Plastikbeutel gesteckt und sollen durch bloßes Tasten erkannt werden.
Zu diesem Test eignen sich nur feste Früchte, die nicht zerdrückt werden können, z. B.: Äpfel, Birnen, Quitten, Mirabellen, Pflaumen, Zitronen, Apfelsinen, Nüsse, Kastanien.

BILDERRÄTSEL

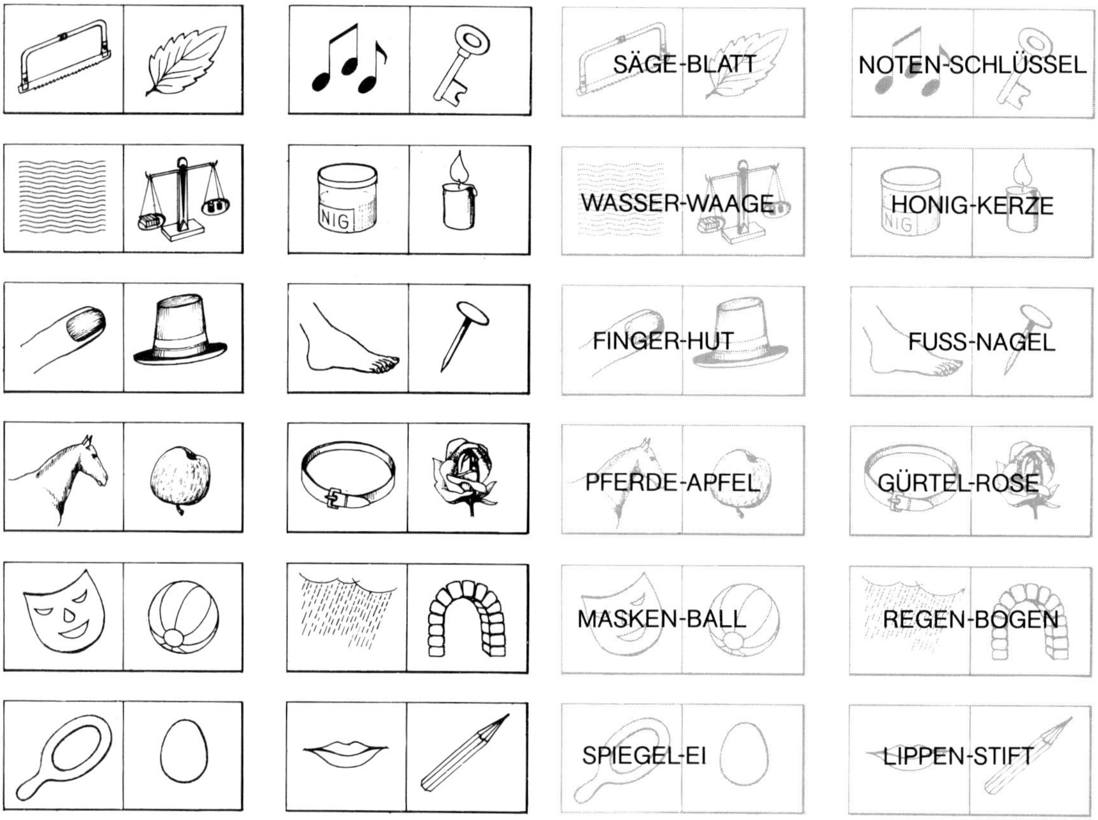

Zu c)

Wir kleben einen Obstbaum aus buntem Papier (Reißtechnik)

Material: Buntpapier
Plakatkarton
Uhu

Technik:

Für die Werkarbeit wird zunächst von allen Teilnehmern glänzendes und mattes Buntpapier in pfenniggroße Schnitzel gerissen. Braun und Grün für Stamm und Blätter, Rot (Kirschen), Lila (Pflaumen), Gelb (Birnen, Mirabellen, Zitronen), Orange (Apfelsinen) je nach Wahl der Früchte.

Sind genügend Schnipsel gefertigt, wird daraus auf einem farbigen Plakatkarton – von allen gemeinsam – ein Obstbaum zusammengesetzt und festgeklebt. Ein helles Blau eignet sich besonders gut als Hintergrund (47 x 68).

Lieder zum Thema:
Es war eine Mutter, die hatte vier Kinder.
Die Äpfel sind rot, die Birnen sind grün.
In einem kleinen Apfel, da sieht es niedlich aus.
Rote Kirschen eß ich gern.
Drunten im Unterland.
Wem Gott will rechte Gunst erweisen.
Geh aus mein Herz und suche Freud.

Zu d)
Märchen:
Schneewittchen (Grimms Märchen)

Religiöser Bezug:
Die Frucht vom Baum der Erkenntnis
(Gen 2,16 – 17)
Gedanken zum Sündenfall (Gen 3, 1 – 19).

Thema 18: SAMEN, KERNE, KÖRNER

a) Welche Samen, Kerne, Körner kennen Sie, und wozu werden diese verwendet?
Endloswörter
b) Verschiedene Gewürze (Geruchstest)
c) Wir bekleben Spandosen mit Samenkörnern
d) Lieder zum Thema
Märchen
Gleichnis aus der Bibel

Zu a)

Welche Samen, Kerne, Körner kennen Sie, und wozu werden diese verwendet?

- Hülsenfrüchte (Erbsen, Linsen, Bohnen): Suppen, Eintopf
- Sonnenblumenkerne, Mais, Sesam, Raps: Öl
- Kaffeebohnen
- Nüsse (Erdnüsse, Haselnüsse, Paranüsse, Walnüsse, Pistazien): Öl, Gebäck
- Pfeffer, Kümmel, Nelken, Sternanis: Gewürze
- Kleinsamen (Senf, Klee, Mohn)

Die Getreidekörner werden bei Thema 20 „Brot“ genau besprochen!

Endloswörter:

Die Kette der Endloswörter wird aus zusammengesetzten Hauptwörtern gebildet, deren zweiter Wortteil jeweils den Anfang des neuen Wortes ergibt. Z. B.
Sonnen/blume – Blumen/fenster – Fenster/kreuz – Kreuz/spinne – Spinnen/netz – Netz/haut – Haut/falte – Falten/rock – Rock/länge – Längen/maß – Maß/krug ...

Zu b)

Verschiedene Gewürze (Geruchstest)

Kleine Mengen stark riechender Genußmittel werden in neutrale Gefäße geschüttet und müssen mit verdeckten Augen – nur nach ihrem Geruch – erraten werden. Hierzu eignen sich besonders gut:

Zimt	Pfefferminztee
Vanille	Oregano
Nelken	Zwiebelpulver
Anis	Kümmel

Zum Spaß kann getrocknetes Fischfutter zur Geruchsbestimmung angeboten werden!

Zu c)

Wir bekleben Spandosen mit Samenkörnern

Material: Spandosen (7,5 cm Durchmesser), rund
Kürbiskerne natur
Kürbiskerne grün, geschält
Bohnen braun, klein

Linsen schwarz, groß
Plaka-Farbe
Klarlack
Pinsel (Pinselreiniger)
Uhu
Zeitungspapier zum Abdecken des Arbeitsplatzes

Technik:
Die Unterteile der Spanschachteln werden von außen mit Plaka-Farbe bemalt. Besonders geschmackvoll wirken bei dieser Bastelarbeit die Farben: Grün, Gelb, Beige, Braun.
Während die Unterteile trocknen, wird die Oberseite der Dosendeckel mit Uhu bestrichen und von außen nach innen in gleichmäßigen Kreisen mit Samenkörnern beklebt – außen am Rand die größeren, nach der Mitte hin die kleineren.

Reihenfolge:
äußerer Rand: 16 Kürbiskerne natur
2. Reihe: 16 Kürbiskerne grün, geschält (jeweils auf Luke, etwas nach außen versetzt)
3. Reihe: 11 kleine braune Bohnen
als Mittelpunkt: 1 schwarze große Linse.
Sind die Körner richtig festgeklebt, können Dosendeckel und Unterteil mit Klarlack überzogen werden.

Natürlich lassen sich auch andere Körner, z. B. Sonnenblumenkerne oder gelber Mais zu einer Rosette kombinieren.
Samen, Kerne, Körner sind in Bastelläden, Lebensmittelgeschäften und Reformhäusern erhältlich.

Zu d)
Lieder zum Thema:
Im Märzen der Bauer.
Die Ernt ist nun zu Ende.
Wem Gott will rechte Gunst erweisen.
Am Brunnen vor dem Tore.
Bunt sind schon die Wälder.
Schwarzbraun ist die Haselnuß.

Märchen:
Aschenputtel (Grimms Märchen)

Gleichnis aus der Bibel:
Der Sämann (Mt 13, 3 – 23)

Thema 19: BROT (Erntedank)

a) Welche Getreidearten sind Ihnen bekannt?
Wie werden Backwaren hergestellt?
Unter welcher Bezeichnung werden sie verkauft?
Tischgebete
b) Brotzeit (Geschmackstest)
c) Wir kneten Backwaren
d) Lieder zum Thema
Märchen
Bibelworte

Zu a)

Welche Getreidearten sind Ihnen bekannt?

Brotgetreide: Roggen, Weizen, Gerste, Hafer
andere Sorten: Hirse, Sesam, Reis, Mais
50 – 60% des Ackerlandes werden durch Getreideanbau genutzt!

Wie werden Backwaren hergestellt?

Das Getreide wird zunächst gedroschen (Dreschflegel, Dreschmaschine), dann die Körner in der Mühle (Wasserrad, Windflügel-Antrieb, elektrische Getriebe) zu Mehl gemahlen. Mittels Treibmittel (Hefe, Backpulver, Hirschhornsalz, Sauerteig) und verschiedener anderer Zutaten (z. B. Butter, Margarine, Salz, Eier und Zucker, Vanillezucker, Nüsse) und unter Beigabe von Milch oder Wasser entsteht ein dicker oder dünner Teig, aus dem die unterschiedlichsten Backwaren hergestellt werden.

Unter welcher Bezeichnung werden sie verkauft?

- Schwarzbrot (Roggenbrot)
- Weißbrot (Weizenbrot)
- Mischbrot (unter Zusatz von Gerste-, Hafer-, Maismehl)
- Vollkornbrot, Grahambrot, Knäckebrot, Pumpernickel, Leinsamenbrot, Sojabrot (Schrotbrote)
- Brötchen (Milch-, Wasser, Roggen-, Sesam-, Mohn-, Zwiebel- und Mehlbrötchen)
- Salz-, Kümmel-, Käsestangen
- Laugenbretzel
- Eierweck (Hörnchen, Rosinenbrötchen, Brioches
- Blätterteiggebäck: Karlsbader Hörnchen, Croissants
- Hefestückchen: Schnecken, Pudding-, Käse-, Mohnstückchen, Apfeltaschen, Nußecken

- Kuchen (Hefe-, Bisquit-, Backpulverkuchen)
- Torten (Obst-, Sahne-, Cremetorten)
- Kleingebäck (Petit Fours, Teegebäck, Weihnachtsplätzchen, Zwieback, Knabbersachen, Suppeneinlagen)

Tischgebete

Laßt uns alle vor dem Essen
Gottes Güte nicht vergessen.
Der Herr segne uns. Amen.

Alle gute Gaben,
alles, was wir haben,
kommt, o Gott, von dir.
Dank sei Dir dafür.

Segne, Herr, was Deine Hand
uns in Gnaden zugewandt!
Amen.

Wir sagen Dank,
in Jesu Namen,
für Speis und Trank,
für alles, Amen.

Wir sagen Dir Dank
für Speise und Trank
und bitten für alle,
die hungrig und krank.

Danket dem Herrn, denn er ist freundlich; und seine Güte währet ewiglich. Amen.

Komm, Herr Jesus, sei Du
unser Gast und segne,
was du uns bescheret hast!
Amen.

Segne Vater, diese Speise
uns zur Kraft und dir zum Preise!
Amen.

Von Deiner Gnad, Herr, leben wir,
und was wir haben, kommt von Dir.
Drum sagen wir Dir Dank und Preis,
tritt segnend ein in unsren Kreis. Amen.

Zwei Dinge, Herr, sind not,
die gib durch Deine Huld:
Gib uns das täglich Brot,
vergib uns unsre Schuld! Amen.

Zu b)

Brotzeit (Geschmackstest)

Kleine Stückchen verschiedener Backwaren werden verdeckt angeboten und sollen nach ihrem bloßen Geschmack erraten werden.
Z. B.

Weißbrot	Zwieback
Knäckebrot	Lebkuchen
Pumpernickel	Vanillekipferl
Käsegebäck	Butterplätzchen
Salzstangen	Obstkuchen

Zu c)

Wir fertigen Backwaren aus Knetmasse

Material: Knetmasse
Knet- oder Buttermesser
Partyteller aus Pappe
Plastikdecke zum Abdecken des Arbeitsplatzes

Technik:
Zum Modellieren von Backwaren eignet sich am besten eine Knetmasse, die an der Luft trocknet und nicht im Ofen gebrannt zu werden braucht, z. B. Aufbauton, weiß und rot (im Fachhandel erhältlich).
Von dem großen, modellierfähigen Tonklumpen werden mit Hilfe eines Knet- oder Buttermessers kleine Portionen abgetrennt, die ausreichen, um von den Teilnehmern zu Brötchen, Stangen, Bretzeln oder Zöpfen verarbeitet zu werden.
Ist das Backwerk geformt wird es mit Salz, Mohn, Kümmel etc. verziert und je nach Material zum Trocknen ausgelegt.
Danach kann es auf bunten Partytellern hübsch angerichtet und zur Erntedankdekoration verwendet werden. Die Bretzeln lassen sich auch an farbigen Bändern an einen Erntekranz hängen.

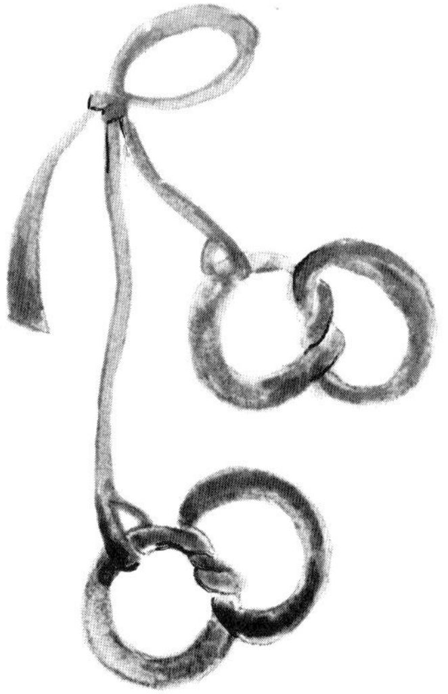

Zu d)
Lieder zum Thema:
Die Ernt ist nun zu Ende.
Es klappert die Mühle am rauschenden Bach.
Das Wandern ist des Müllers Lust.
Wer nur den lieben Gott läßt walten.
Nun danket alle Gott.
Lobet den Herren.

Märchen:
Die Goldmarie und die Pechmarie (Frau Holle – Grimms Märchen)

Bibelworte zum Thema:
AT: Im Schweiße deines Angesichts sollst du dein Brot essen (Sen 3, 19)
Brich dem Hungrigen Dein Brot! (Jes 58, 7)
NT: Unser täglich Brot gib uns heute (Mt 6, 11)
Der Mensch lebt nicht vom Brot allein (Mt 4, 4)
Er nahm das Brot, dankte, brach's (Mt 26, 26)
Ich bin das Brot des Lebens (Joh 6, 35)

Thema 20: POST

a) Seit wann gibt es eine Post?
Welche Aufgaben hat sie zu erfüllen?
Wie muß ein versandfertiger Brief aussehen?
b) Päckchen aus aller Welt (Erkennungsspiel)
c) Wir entwerfen Briefkarten (Schablonendruck)
d) Lieder zum Thema
Literarischer Bezug

Zu a)

Seit wann gibt es eine Post?

- Im Altertum gab es bereits eine Postzustellung, im Römischen Reich, aber nur für Staatszwecke.
- Im Mittelalter hatten die Fürsten und Städte ein eigenes Botenwesen.
- Im 15. Jahrhundert wurde das Postwesen in Deutschland und Mitteleuropa von Turn- und Taxis organisiert.
- Im 16. Jahrhundert übernahm Rudolf II. die kaiserliche Oberherrschaft.
- Anfang des 18. Jahrhunderts lag die Zentralverwaltung in Frankfurt am Main.
- Im 19. Jahrhundert übernahm Preußen die Postverwaltung von Turn- und Taxis (für 3 Mill. Taler), die „Reichspost" entstand.
- Nach 1945 erfolgte die Übernahme durch die Besatzungsmacht, anschließend durch die einzelnen Länder.
- Heute liegt das Postwesen in den Händen der Deutschen Bundespost DBP, einem riesigen Dienstleistungsunternehmen.

Wie muß ein versandfertiger Brief aussehen?

- Adresse: Name, Straße, Ort (mit Postleitzahl) **Absender** nicht vergessen!
- Briefmarken (je nach Gewicht der Postsendung!); Freimarken (Wertzeichen) gibt es seit 1840 in England, vorher wurde am Schalter bar oder vom Empfänger bezahlt. Die Entwertung erfolgte zunächst durch Hand, heute weitgehend durch Stempelmaschinen.
- Zusätzliche Aufkleber: Eilpost, Luftpost, Einschreiben!

Welche Aufgaben hat die Post zu erfüllen?

- Beförderung von Briefen (per Flugzeug, Bahn, Bus, Auto, Rad, Motorrad, Postboten), Postkarten, Drucksachen, Zeitungen, Telegrammen, Warenproben, Paketen, Geld (seit 1909 Einführung des Postscheckdienstes) und Personen (Omnibusse)
- Aufstellen von Briefkästen und Briefmarkenautomaten
- Telefondienst (1877 wurde der erste Fernsprechapparat in Betrieb genommen.)
- Einzug von Radio- und Fernsehgebühren
- Aufbewahrung von Briefen (postlagernd) und Geld (Postsparkasse)
- Auszahlung der Renten.

Zu b)

Päckchen aus aller Welt (Erkennungsspiel)

In einem größeren Paketkarton haben wir kleine Päckchen mit landestypischen Handelswaren versteckt, die wir der Reihe nach vorzeigen und deren Herkunftsland erraten werden soll. Z. B.

Käse = aus Holland
Schokolade = aus der Schweiz
Parfum = aus Frankreich
Drops = aus England
Spaghettis = aus Italien
Salami = aus Ungarn
Spitzen = aus Belgien (Brüssel)
Mozartkugeln = aus Österreich
Lebkuchen = aus Deutschland
Ölsardinen = aus Portugal
Kastagnetten = aus Spanien
Tee = aus Ceylon
Wodka = aus Rußland
Matzen = aus Israel
Camel-Zigaretten = aus USA

Als Muster diente ein Weinblatt

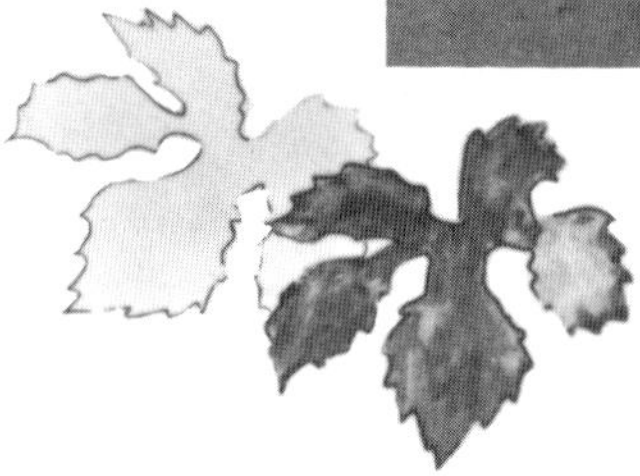

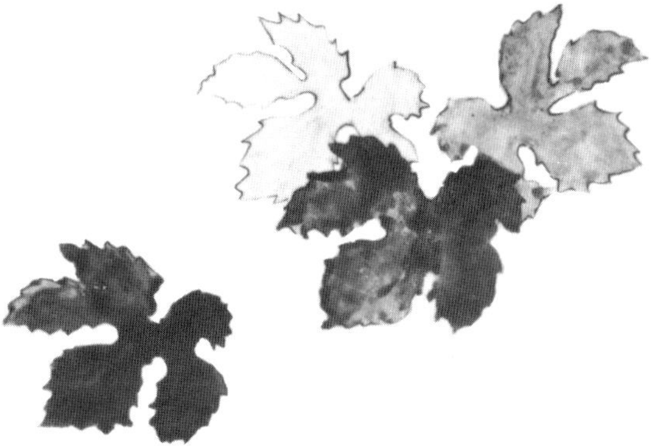

Zu c)

Wir entwerfen Briefkarten (Schablonendruck)

Material: Zeichenkarton
- weiße Briefkarten
- Bleistift, Schere
- Deckfarben (Wasserfarben)
- Pinsel
- Wasserbehälter
- Zeitungspapier zum Abdecken des Arbeitsplatzes

Technik:
Zum Entwurf einer herbstlichen Briefkarte stellen wir zunächst eine Schablone her, indem wir die Umrisse eines Laubblattes auf ein Kartonblatt zeichnen. Das gezeichnete Blatt wird nun aus dem Karton herausgeschnitten, ohne daß der Rand des Kartonblattes an einer Stelle durchschnitten wird. Sind die Gruppenteilnehmer nicht mehr in der Lage, diese Vorarbeit zu leisten, so muß sie von dem Leiter der Therapiestunde vorbereitet werden.
Die Negativschablone (das Kartonstück mit dem ausgeschnittenen Blatt) legen wir dann auf eine neue Briefkarte und füllen das Loch mit gelber Wasser-(Deck-)farbe aus. Der Pinsel sollte hierbei nicht zu naß sein, damit sich die Briefkarte durch die Feuchtigkeit nicht wellt. Nach Abtrocknen der Farbe verschieben wir die Schablone so, daß die Blattumrisse sich noch teilweise überschneiden und wiederholen den Ausmalvorgang mit einer anderen Farbe, evtl. grün, braun oder rot. Je nach Größe des Blattes können wir noch einen dritten oder vierten Abdruck hinzufügen.
Als Schablonenmuster eignen sich gut die Blätter einer Eiche, Buche, Linde, Birke, Platane oder Weinrebe, sie dürfen nur nicht zu groß sein, damit sie sich mehrmals auf einer Karte anordnen lassen.
Da der Kauf größerer Mengen von Briefkarten ziemlich teuer ist, empfiehlt es sich, diese aus Zeichenkarton (in Schreibwarengeschäften erhältlich) selbst herzustellen. Ein Bogen, 45 x 62 cm, ergibt 16 Karten.

Zu d)
Lieder zum Thema:
Du, du, liegst mir im Herzen.
Kommt ein Vogel geflogen.
Wenn ich ein Vöglein wär.
Nun ade, du mein lieb Heimatland.
Muß i denn, muß i denn zum Städtele hinaus.
Es, es, es und es, es ist ein harter Schluß.
Hoch auf dem gelben Wagen.
Der Postknecht ist ein armer Wicht.

Literarischer Bezug: Gedichte zum Thema

Der Postillion

Lieblich war die Maiennacht
Silberwölklein flogen,
ob der holden Frühlingspracht
freudig hingezogen.

Schlummernd lagen Wies und Hain,
jeder Pfad verlassen;
Niemand als der Mondenschein
wachte auf der Straßen.

Leise nur das Lüftchen sprach,
und es zog gelinder
durch das stille Schlafgemach
all der Frühlingskinder.

Heimlich nur das Bächlein schlich;
denn der Blüten Träume
dufteten gar wonniglich
durch die stillen Räume.

Rauher war mein Postillion,
ließ die Geißel knallen
über Berg und Tal davon
frisch sein Horn erschallen.

Und von flinken Rossen vier
scholl der Hufe Schlagen,
die durchs blühende Revier
trabten mit Behagen.

Wald und Flur im schnellen Zug
kaum gegrüßt – gemieden;
und vorbei wie Traumesflug
schwand der Dörfer Frieden.

Mitten in dem Maienglück
lag ein Kirchhof innen,
der den raschen Wanderblick
hielt zu ernstem Sinnen.

Hingelehnt an Bergesrand
war die bleiche Mauer,
und das Kreuzbild Gottes stand
hoch, in stummer Trauer.

Schwager ritt auf seiner Bahn
stiller jetzt und trüber;
und die Rosse hielt er an,
sah zum Kreuz hinüber:

Halten muß hier Roß und Rad
mag's euch nicht gefährden,
drüben liegt mein Kamerad
in der kühlen Erden!

Ein gar herzlieber Gesell!
Herr, 's ist ewig schade,
keiner blies das Horn so hell,
wie mein Kamerade.

Hier ich immer halten muß,
dem dort unterm Rasen
zum getreuen Brudergruß
sein Leiblied zu blasen!

Und dem Kirchhof sandt' er zu
frohe Wandersänge,
daß es in die Grabesruh
seinem Bruder dränge.

Und des Hornes heller Ton
klang vom Berge wieder;
ob der tote Postillion
stimmt' in seine Lieder, –

weiter ging's durch Feld und Hag
mit verhängtem Zügel;
lang mir noch im Ohre lag
jener Klang vom Hügel.

Nikolaus Lenau

Der Briefmark

Ein männliches Briefmark erlebte
was Schönes, bevor er klebte.

Er war von einer Prinzessin beleckt.
Da war die Liebe in ihm erweckt.

Er wollte sie wiederküssen,
da hat er verreisen müssen.

So liebte er sie vergebens.
Das ist die Tragik des Lebens.

Joachim Ringelnatz

November

Thema 21: LATERNEN

a) Wo begegnen Ihnen Laternen, und zu welchen Zwecken werden sie genutzt?
Gegensatzwörter
b) Drehscheibe (Farbtest)
c) Wir lassen Ampeln aufleuchten (Glasmosaik)
d) Lieder zum Thema
Märchen
Die Legende vom Heiligen Martin

Zu a)

Wo begegnen Ihnen Laternen, und zu welchen Zwecken werden sie genutzt?

Überall da, wo eine Kerze oder Lampe durch ein Gehäuse geschützt werden soll, damit sie nicht erlischt und kein Feuer in ihrer Umgebung entfacht.

Zum praktischen Gebrauch:
- Außenlampen vor der Haustür
- Terrassenbeleuchtungen
- Kellerleuchten
- Stallaternen
- Straßenlaternen
- Kontrollampen für Turm- und Nachtwächter
- Karbidlampen zum Berg- und Untertagebau
- Schiffslaternen
- Sturmlaternen
- Sicherheitslampen im Tiefbau (Kanalarbeiten)
- Warnlichter bei Straßensperren und Umleitungen
- Blinklichter bei Unfällen

Zum Schmuck:
- als Lampenverkleidung im Orient
- als Beleuchtung in Bars, Tanzlokalen, Chinesischen Restaurants
- bei Festlichkeiten: Gartenparties, Kellerparties, Geburtstagsfeiern, Karnevalsveranstaltungen, Sommerfesten, Weinfesten
- bei kirchlichen Anlässen: Martinszug, Allerheiligen, Allerseelen, als „Ewiges Licht".

In der Natur:
- Laternenträger = Zikadenart mit leuchtenden Kopffortsätzen, die wie kleine Laternen wirken (Leuchtzirpen)
- Glühwürmchen = Johanniswürmchen mit Leuchtorganen am Hinterleib.

Gegensatzwörter:

hell – dunkel	schwarz – weiß
kalt – heiß	rund – eckig
kurz – lang	sauber – dreckig
dick – dünn	laut – leise
eng – weit	fett – mager
spitz – stumpf	dumm – gescheit

lieb – böse
glatt – rauh
süß – sauer
hoch – tief
neu – alt
gerade – krumm
teuer – billig
schön – häßlich
fern – nah
fein – grob
arm – reich
hart – weich

traurig – lustig
flüssig – fest
matt – glänzend
faul – fleißig
mutig – feige
gesund – krank
schwach – stark
klar – trüb
echt – falsch
großzügig – kleinlich
öffentlich – privat
subjektiv – objektiv

Bei dieser Gedächtnisübung muß das Gegensatzwort jeweils von den Teilnehmern gefunden werden.

Zu b)

Drehscheibe (Farbtest)

Für diesen Test stellt der Gruppenleiter eine Drehscheibe her, die ihm helfen soll, das farbliche Wahrnehmungsvermögen der Teilnehmer zu beobachten und zu schärfen. Sie besteht aus mehreren runden Hintergrundscheiben (Zeichenkarton, Radius 16 cm), die in fünf verschiedenartige Segmente aufgeteilt wurden.

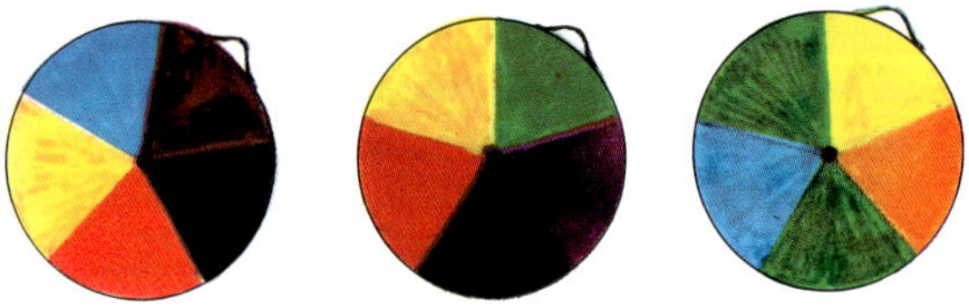

Als Abdeckplatte dient eine weitere Pappscheibe, einfarbig mit einem Fenster, das die Größe eines Segmentteils (also 1/5 der Kreisoberfläche) freigibt.

Im Mittelpunkt aller Scheiben befindet sich ein Loch, durch welches sich eine Musterklammer stecken läßt.

Auf diese Weise kann jeweils ein Farbkreis hinter der Drehscheibe befestigt und gedreht werden – erst schnell und dann immer langsamer – bis die Teilnehmer alle Farben, die im Fensterausschnitt erschienen sind, erkennen konnten. Dann wird die Farbscheibe ausgewechselt, und das Spiel beginnt von neuem.

Besonders erfreulich ist es, wenn nicht nur die Farben, sondern auch die Reihenfolge, in der sie nacheinander erscheinen, bestimmt werden.

Zu c)

Wir lassen Ampeln aufleuchten (Glasmosaik)

Material: Leere Gelee- oder Einmachgläser
bunte Glas- oder Kunststoffsteine
Uhu, Teelichter
Plastikdecke zum Abdecken des Arbeitsplatzes

Technik:

Die leeren Gelee- oder Einmachgläser (kleines, flaches, rundes Format!) werden gründlich gespült und dann von außen mosaikartig mit Glas- oder Magneto-Kunststoffsteinen (in Bastelläden erhältlich) beklebt.

Es ist darauf zu achten, daß die Gläser am Boden so weit und eben sind, daß sich sicher ein

Teelicht darin abstellen läßt. Nach oben dürfen sich die Gläser nicht zu stark verengen, weil sonst die Gefahr besteht, daß sie bei längerem Brennen platzen.

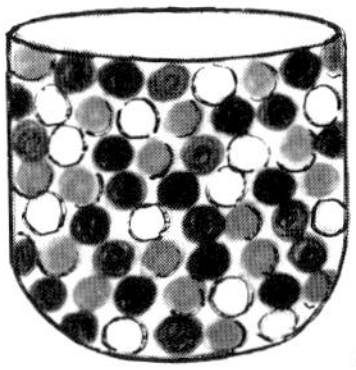

A

A: Magneto-Kunststoffsteine

B: Glassteine

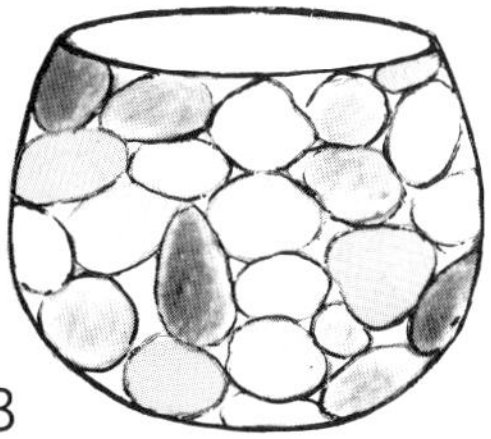

B

Zu d)

Lieder zum Thema:

Freut euch des Lebens.
Glühwürmchen, Glühwürmchen, flimmre, flimmre.
Laterne, Laterne, Sonne, Mond und Sterne.
Ich gehe mit meiner Laterne.
Martin, Martin, Martin ist ein frommer Mann.
St. Martin ritt durch Schnee und Wind.
Hört, ihr Herrn, und laßt euch sagen.

Märchen:

Aladins Wunderlampe (Märchen aus 1001 Nacht)

Die Legende vom Heiligen Martin,
der mit einem Bettler seinen Mantel teilte, sich im Jahre 315 etwa mit 18 Jahren taufen ließ und 371 Bischof von Tours (an der Loire) wurde.

Thema 22: KERZEN (Advent)

a) Wozu werden Kerzen angezündet?
Woraus werden Kerzen gemacht?
Rätselraten
b) Kerzenpuzzel (Seh-Kombinationsübung)
c) Wir verzieren Kerzen (Wachsapplikationen)
d) Lieder zum Advent
„Licht" als christliches Symbol

Zu a)

Wozu werden Kerzen angezündet?

- Zur Beleuchtung: schon im alten Rom, an den Höfen des Mittelalters, in den reichen Bürgerhäusern, als Notbehelf während des Krieges, noch heute bei Stromausfall oder besonderen Anlässen.
- Als Zeitmesser: An Hand von Kerzen, deren Material, Länge und Durchmesser genau festgelegt waren, wurde je nach Brenndauer und der sich daraus ergebenden Verkürzung die inzwischen vergangene Zeit berechnet.
- Als Stimmungsmacher: zur Verbreitung von Gemütlichkeit u. Wärme.
- Als Tischschmuck: bei festlichen Gelegenheiten, z. B. Geburtstagen, Namenstagen, Jubiläen.
- Bei kirchlichen Anlässen: Messfeier, Taufe, Kommunion, Advent, Weihnachten, Ostern, Tod, Begräbnis.

Woraus werden Kerzen gemacht?

Mittelpunkt jeder Kerze bildet ein Baumwolldocht (leicht mit Borsäure oder Ammoniumphosphat getränkt). Ursprünglich wurde dieser durch warmen, flüssigen Talg (Unschlitt) oder Bienenwachs gezogen und bis zum Erkalten aufgehängt, dann erneut getaucht. Dieser Vorgang wurde so oft wiederholt, bis die Kerze die gewünschte Dicke erreicht hatte. Noch heute gibt es gezogene Kerzen aus 100% oder 25% Bienenwachs, besonders im kirchlichen Bereich.

Wesentlich billiger und einfacher in der Herstellung sind Kerzen aus Paraffin oder Stearin. Hier wird der Docht in einer Form festgeklemmt und diese einfach mit flüssigem Material ausgegossen. Es ist auch möglich, Paraffin und Stearin zu mischen und Kerzen aus knetbarer Masse herzustellen.

Der Brenneffekt entsteht dadurch, daß das Kerzenmaterial bei Hitze dünnflüssig wird und im Docht zur Flamme aufsteigt. Eine Flamme brennt nur dann hell, wenn sie von Zeit zu Zeit „geschneuzt" wird.

Kerzen gibt es in den verschiedensten Farben, Formen, Längen und Stärken. Kurze, dicke Kerzen werden als Stumpen, lange, konisch zulaufende Formen als Peitschenkerzen bezeichnet.

Rätselraten:

Hast du es nicht, ist es dein Tod.
Kommt es zuhauf, bist du in Not.
Es tötet Feuer und Kerzenlicht.
Die schmutzigen Kinder lieben es nicht.

(Wasser)

Du siehst sie in den Bergen hängen.
Der Sturm hat sie in seinen Fängen.
Sie kann den runden Mond verstecken,
kann uns erfreuen und erschrecken.

(Wolke)

Er wandelt still und ganz allein
des Nachts dahin im Sternenschein,
zuweilen auch am hellen Tag,
doch immer dann ganz bleich und schwach.

(Mond)

Mich siehst du nicht, doch fühlst du mich.
Du weißt, daß ich stets bin um dich.
Dein Leben kann ich dir nicht geben,
doch kannst du ohne mich nicht leben.

(Luft)

Weiß wie Kreide,
leicht wie Flaum,
weich wie Seide,
feucht wie Schaum.

(Schnee)

Das Kalte mach ich warm,
das Heiße mach ich kalt;
es hat mich reich und arm,
wer lang mich hat, wird alt.

(Atem)

Zwei sind es, die nebeneinander stehen
und alles gut und deutlich sehen;
doch sieht das eine das andere nicht,
und wär es beim hellsten Tageslicht.

(Augen)

Ich habe zwei Flügel und kann nicht fliegen,
ich hab einen Rücken und kann nicht liegen,
ich habe ein Bein und kann nicht stehen,
ich trage oft Brillen und kann nicht sehen.

(Nase)

Dem Knaben bin ich zum Spielen gut,
dem Zornigen dien ich zur Kühlung der Wut.
Den Angegriffenen kann ich schützen,
die müden Greise unterstützen.

(Stock)

Man läßt ihn sprechen,
man läßt ihn stechen,
es ist ein Vogel
und ein Gebrechen.

(Star)

Es rate, wer da will:
Ich lauf und steh doch still.
Ich gehe gerne aus
und bleibe doch zu Haus.

(Kerze)

Zu b)

Kerzenpuzzle (Seh-Kombinationstest)

In Vorbereitung zu dieser Übung wurden von dem Gruppenleiter Advent- oder Weihnachtskarten, auf denen Kerzenmotive abgebildet sind, in kleine Stücke zerschnitten und in Briefumschläge sortiert.

Jeder Teilnehmer erhält jetzt einen solchen Umschlag und versucht in kürzester Zeit die Karte wieder zusammenzusetzen. Zweckmäßig ist es, jede Karte doppelt zu kaufen, damit das zweite Exemplar als Vorlage dienen kann.

Zu c)

Wir verzieren Kerzen (Wachsapplikation)

Material: Farbwachsfolien
weiße Kerzen
Holz- oder Kunststoffbrettchen
Küchenmeser
Plastikdecke zum Abdecken des Arbeitsplatzes

Technik:

Zur Durchführung dieser vorweihnachtlichen Bastelarbeit erhält jeder Teilnehmer eine weiße, nicht zu kleine Kerze (Mindesthöhe 10 cm, Mindestdurchmesser 3,5 cm), eine bunte Wachsfolie nach Wahl und ein Frühstücksbrettchen als Arbeitsunterlage.

Mit Hilfe eines kleinen Küchenmessers lassen sich aus der Folie weihnachtliche Motive ausschneiden (Sterne, Engel, Tannenbäume), die mit der warmen Hand auf der Kerzenoberfläche festgedrückt werden können. Auch einfache Streifenmuster wirken sehr dekorativ.

Ist ein Teilnehmer nicht mehr in der Lage, ein Messer sicher zu führen, so genügt es, kleine Wachskügelchen zu formen und diese an der Kerze festzudrücken, um einen hübschen Effekt zu erzielen.

Werden als Unterlage bunte statt weiße Kerzen verwendet, so besteht die Gefahr, daß die Farben durchschlagen und die aufgeklebte Wachsfolie häßlich verfärben.

Zu d)

Lieder zum Thema:

Es waren zwei Königskinder.
Advent, Advent, ein Lichtlein brennt.
Wie soll ich dich empfangen.
Macht hoch die Tür, die Tor macht weit.
Es kommt ein Schiff geladen.
Lobet den Herren.

„Licht“ als christliches Symbol

Licht ist in der Bibel Symbol für:

- Gott – Joh 1,5 (Gott ist Licht)
- Gottesoffenbarung – Eph 5,13 (Alles, was offenbar wird, das ist Licht)
- Lebenskraft, die Gott schenkt – Ps 27,1 (Der Herr ist mein Licht und mein Heil); Ps 119, 105 (Dein Wort ist meines Fußes Leuchte und ein Licht...)
- Jesus – Joh 8,12 (Ich bin das Licht der Welt)
- Jünger Jesu – Mt 5,14 (Ihr seid das Licht der Welt)
- das Gute, das Jünger Jesu wirken sollen – Mt 5,16 (Lasset euer Licht leuchten vor den Leuten, daß sie euere guten Werke sehen.)
  Eph 5,9 (Wandelt wie die Kinder des Lichts)
  Röm 13,12 (Lasset uns ablegen die Werke der Finsternis und anziehn die Waffen des Lichts)
- das Evangelium – 2 Kor 4,4 (Das helle Licht des Evangeliums)
- das Himmelreich (Das ewige Jerusalem) – Offb 21, 23–24 (Die Stadt bedarf keiner Sonne, noch des Mondes, denn die Herrlichkeit Gottes erleuchtet sie – und die Heiden, die da selig werden, wandeln in ihrem Licht)
  Jes 60,19 (Die Sonne soll nicht mehr des Tages dir scheinen und der Glanz des Mondes soll dir nicht leuchten, sondern der Herr wird dein ewiges Licht sein.

„Kerzenlicht“ ist Symbol für Glauben, Freude, Hoffnung, Opferbereitschaft, ewiges Leben.

Foto: ZEIDLER/present

Thema 23: STERNE

a) Was wissen Sie über Himmelskörper?
Welche Sternbilder sind Ihnen bekannt?
b) Abendschau (Wahrnehmungsübung)
c) Wir sticken Sterne (Fadengraphik)
d) Lieder zum Thema
Märchen
Gedichte zum Advent

Zu a)

Was wissen Sie über Himmelskörper?

Die Sonne: für uns Menschen der wichtigste Himmelskörper, weil sie durch ihre Licht- und Wärmestrahlen das Leben auf der Erde erst möglich macht. Sie ist eine riesige, glühende Gaskugel.

Wenn die Sonne tagsüber am Himmel leuchtet, strahlt sie so hell, daß alle anderen Gestirne, die auch tagsüber am Himmel stehen, verblassen. Erst wenn sie abends unter den Horizont sinkt und es dunkel wird, werden die anderen Gestirne sichtbar.

Der Mond: neben der Sonne der einzige Himmelskörper, den wir auch noch am Tage sehen können. Er ist kleiner als die Sonne und bewegt sich im Monat einmal um die Erde. Seine Oberfläche ist kalt und unbewohnbar, wie uns die Astronauten bei ihrer Mondlandung im Juli 1969 bestätigen konnten.

Die Erde: hat einen Durchmesser von 12742 km. Sie dreht sich einmal am Tage um sich selbst (Achse Südpol/Nordpol). Als Folge der Erddrehung sehen wir die Gestirne im Osten auf und im Westen untergehen. Die Erde dreht sich außerdem einmal im Jahr um die Sonne.

Planeten: Mit der Erde wandern acht andere „Planeten" um die Sonne. Es sind dies mit immer größer werdendem Abstand zur Sonne: Merkur (heißer als die Erde), Venus (Erde), Mars, Jupiter (größer als die Erde), Saturn, Uranus, Neptun, Pluto (kälter als die Erde – 230 Grad). Nur fünf davon können mit bloßem Auge gesehen werden. Planeten sind kalte, feste Körper, die um die Sonne kreisen und teilweise von ihr erhitzt werden.

Fixsterne: sind dagegen glühende Gaskugeln, die eigenes Licht erzeugen.

Mit bloßem Auge können wir nur ca. 2500

Sterne wahrnehmen, durchs Fernglas bis zu Millionen.

Sternschnuppe: Leuchterscheinungen die durch winzig kleine Staubkörnchen oder Eisenpartikel entstehen, die aus dem Weltall in die Erdatmosphäre eindringen und verglühen.

Milchstraße: Die Milchstraße ist eine Lichtflut von ca. 200 Milliarden kleinster Sterne.

Welche Sternbilder sind Ihnen bekannt?

Es gibt 88 Sternbilder, die wie eine Landkarte zur Orientierung am Sternenhimmel dienen. Ihre Anzahl und ihre Grenzen wurden 1928 international festgelegt. Die Himmelskugel, die uns zu umgeben scheint, wurde hierbei – analog zur Erde – in eine südliche und nördliche Hälfte eingeteilt.

Zwölf der Sternbilder sind besonders wichtig und als Tierkreiszeichen (Tierkreissternbilder) bekannt:

Widder – Stier – Zwilling – Krebs – Löwe – Jungfrau – Waage – Skorpion – Schütze – Steinbock – Wassermann – Fische.

Besonders gut am Nachthimmel zu erkennen ist der „Große Wagen“ im Sternbild „Großer Bär“. Auch der „Kleine Bär“ sieht ähnlich wie ein umgestürzter Wagen aus.

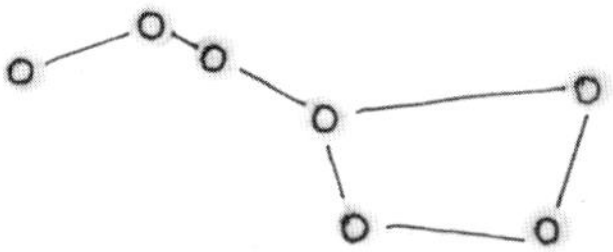

Zu b)

Abendschau (Wahrnehmungsübung)

Für diesen Test hat der Gruppenleiter mit blauem Zeichenkarton und Buntpapier mehrere Sichttafeln hergestellt (25 × 35 cm), auf denen Sterne und Kirchtürme in verschiedener Anzahl zu sehen sind.

Die Bilder werden nur kurz vorgezeigt, wobei die Zuschauer versuchen sollen zu erkennen, wieviel Sterne und Kirchtürme jeweils abgebildet sind und ob es sich dabei um vier-, fünf-, oder sechszackige Sterne handelt.

Zu c)

Wir sticken Sterne (Fadengraphik)

Material: Plakatkarton (schwarz oder dunkelgrün)
Bleistift, Lineal, Zirkel
Locheisen, Hammer
dicker Karton
Teppichknüpfwolle (gelb)
Knüpfnadel, Tesafilm
Plastikdecke zum Abdecken des Arbeitsplatzes

Technik:

Das Aussticken von Sternen bedarf einer besonders sorgfältigen Vorbereitung durch den Gruppenleiter.

Für jeden Stern wird als Hintergrund ein quadratisches Stück Plakatkarton (schwarz oder dunkelgrün) in der Größe 34 x 34 cm zugeschnitten.

Zur Konstruktion des Sterns zeichnen wir auf der Rückseite des Kartons einen größeren und einen kleineren Kreis. Der Mittelpunkt M der Kreise liegt im Schnittpunkt des Mittellinienkreuzes. Um diesen Punkt schlagen wir zunächst einen Kreis mit dem Zirkel, der den Radius r_1 = 14 cm hat (Abb. 1).

Die Eckpunkte 1 – 12 des Sterns erhalten wir, indem wir mit dem gleichen Radius Bögen um die vier Schnittpunkte des Kreises mit den Mittellinien schlagen (Abb. 2).

Um die Zacken des Sterns konstruieren zu können, schlagen wir dann um den Kreismittelpunkt einen kleineren Bogen mit dem Radius r_2 = 7 cm und verfahren in ähnlicher Weise. Die Innenpunkte der Zacken A – M liegen auf dem Kreisbogen des kleinen Kreises (Abb. 3).

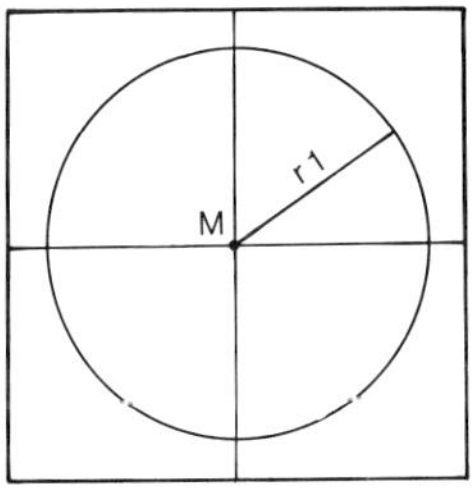

Abb. 1

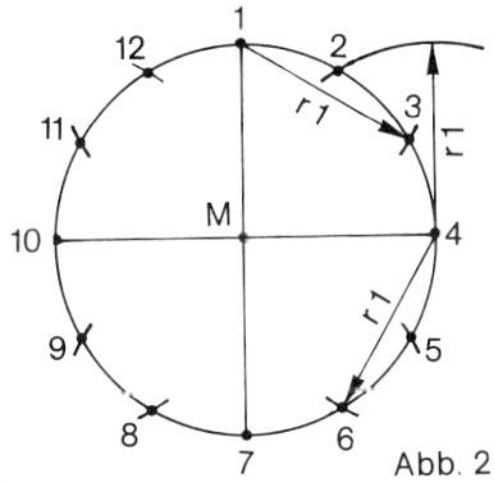

Abb. 2

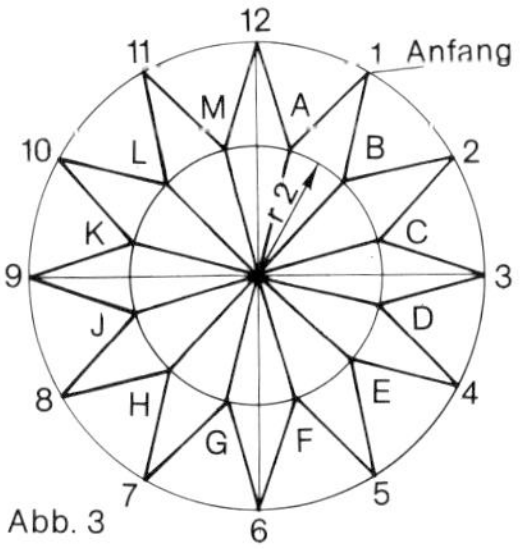

Abb. 3

Im nächsten Arbeitsgang ist es nötig, mit Hammer und Locheisen (Durchmesser 4 mm) in den Punkten 1 – 12 und A – M Löcher auszustanzen. Ein weiteres Loch im Mittelpunkt M muß einen etwas größeren Durchmesser haben. Während des Ausstanzens müssen wir einen dicken Pappdeckel unterlegen, damit die Tischplatte nicht beschädigt wird.

Ist die Arbeit soweit vorbereitet, können die Teilnehmer der Therapiestunde mit dem Aussticken der Sterne beginnen. Besonders gut eignet sich dazu gelbe Teppichknüpfwolle, die mit großen, stumpfen Sticknadeln (Knüpfnadel Nr. 1) in bestimmter Reihenfolge durch die vorgestanzten Löcher gezogen wird. (Wolle und Nadeln sind im Handarbeitsgeschäft erhältlich.) Wichtig dabei ist, daß die Punkte 1 – 12 und A – M deutlich auf der Rückseite des Stickkartons gekennzeichnet sind.

Fadenverlauf (Abb. 3)

Außenkreis:

von Rückseite Punkt 1 zur Vorderseite Punkt A
von Rückseite Punkt B zur Vorderseite Punkt 1
von Rückseite Punkt 2 zur Vorderseite Punkt B
von Rückseite Punkt C zur Vorderseite Punkt 2
usw.

Innenkreis:

von Rückseite Punkt A zum Mittelpunkt
von Rückseite Punkt B zum Mittelpunkt
usw.

Anfang und Ende der Stickfäden werden (ebenfalls auf der Rückseite) mit Tesafilm befestigt. Für einen Stern werden ca. 5 m Teppichknüpfwolle benötigt.

Zu d)
Märchen:
Die Sterntaler (Grimms Märchen)

Gedichte zum Advent:

Die Sternseherin Lise

Ich sehe oft um Mitternacht,
wenn ich mein Werk getan
und niemand mehr im Hause wacht,
die Stern am Himmel an.

Sie gehen da, hin und her zerstreut,
als Lämmer auf der Flur,
in Rudeln auch und aufgereiht
wie Perlen an der Schnur.

Und funkeln alle weit und breit
und funkeln rein und schön,
ich seh' die große Herrlichkeit
und kann mich satt nicht sehn ...

Dann saget unterm Himmelszelt
mein Herz mir in der Brust:
„Es gibt was Bessers in der Welt
als all ihr Schmerz und Lust."

Ich werf mich auf mein Lager hin
und liege lange wach
und suche es in meinem Sinn;
und sehne mich darnach.

Matthias Claudius

Lieder zum Thema:
Die Nacht ist vorgedrungen.
Stern, auf den ich schaue.
Stehn zwei Stern am hohen Himmel.
Weißt du wieviel Sternlein stehen.
Der Mond ist aufgegangen.
Abend wird es wieder.
Nun wollen wir singen das Abendlied.

Zum Advent

Wir harren, Christ, in dunkler Zeit;
gib deinen Stern uns zum Geleit
auf winterlichem Feld.
Du kamest sonst doch Jahr um Jahr;
nimm heut auch unsrer Armut wahr
in der verworrnen Welt.

Es geht uns nicht um bunten Traum
von Kinderlust und Lichterbaum;
wir bitten, blick uns an
und laß uns schaun dein Angesicht,
drin jedermann, was ihm gebricht,
gar leicht verschmerzen kann.

Es darf nicht immer Friede sein;
wer's recht begriff, der gibt sich drein.
Hat jedes seine Zeit.
Nur deinen Frieden, lieber Herr,
begehren wir je mehr und mehr,
je mehr die Welt voll Streit.

Rudolf Alexander Schröder

Thema 24: CHRISTBAUM (Weihnachten)

a) Seit wann gibt es einen Christbaum?
Womit kann man ihn schmücken?
Welche symbolhafte Bedeutung wird ihm zugemessen?
b) Weihnachtsliederraten (Hörtest)
c) Wir schmücken unseren Christbaum (Ketten aus Metallfolie oder Ramieband)
d) Lieder zum Thema
Weihnachtsgeschichten
Krippenbetrachtung

Zu a)

Seit wann gibt es einen Christbaum?

Bei den germanischen Völkern war es Brauch, am Fest der Wintersonnenwende Bäume oder Zweige zu entzünden, deren leuchtende Flammen die unbesiegbare Sonne symbolisierten. Angebrannte Zweige wurden häufig als Lebenssymbol das ganze Jahr über aufbewahrt. Auch die Mistelzweige in England haben hier ihren Ursprung.

Im 12.–13. Jahrhundert wurden Zweige nicht mehr verbrannt, sondern mit Lichtern geschmückt. Der Brauch, der auch in Frankreich verbreitet war, geriet später wieder in Vergessenheit.

Anfang des 17. Jahrhunderts wurden Tannen zur Weihnachtszeit im Elsaß aufgestellt, allerdings nicht mit Lichtern, sondern mit Puppen und Zuckerzeug geschmückt.

Erst Ende des 18. Jahrhunderts wurde dieser Brauch von evangelischen Gemeinden in Deutschland übernommen, später auch von der katholischen Bevölkerung.

Heute finden wir Weihnachtsbäume in fast allen Ländern der Welt und auf vielerlei Weise geschmückt.

Womit kann man einen Christbaum schmükken?

- Naturprodukten: Äpfeln, Nüssen (evtl. vergoldet), Tannenzapfen, Samenkörnern (auf Karton zu Rosetten aufgeklebt), Strohsternen
- Figuren aus: Holz, Blei, Schmelzgranulat, Wachs, Papier
- Gebäck und Süßigkeiten
- Ketten aus: Perlen, Span, Ramieband, Metallfolie
- Kugeln aus: Glas und Kunststoff
- Schleifen und Kerzen
- Engelshaar und Lametta, künstlicher Schnee
- verschiedene Christbaumspitzen.

Welche symbolhafte Bedeutung wird ihm zugemessen?

Der Christbaum soll erinnern an den „Baum des Lebens“, der in der Schöpfungsgeschichte erwähnt wird. (Gen 2,9) oder den Kreuzesbaum, an dem Jesus für uns das ewige Leben zurückgewonnen hat. Tannenzweige sind ein Hinweis auf die stammesgeschichtliche Herkunft Jesu (Jes. 11,10 und Röm 15,12).

In der katholischen Kirche steht der Baum 40 Tage, bis zur Darstellung Jesu im Tempel (Mariä Lichtmeß 2.2.), in der evangelischen Kirche nur bie Epiphanias (Dreikönigstag 6.1.).

Auch der Christbaumschmuck hat eine symbolhafte Bedeutung.

- Äpfel, Nüsse und Kugeln erinnern an den alttestamentlichen Spruch: Ich bin wie der grünende Wacholder, an mir findest du reiche Frucht (Hos 14,9).
- Sterne, Engel und andere Figuren sind Bestandteil der Weihnachtsgeschichte, wie sie in den Evangelien dargestellt wird.
- Gebäck und Süßigkeiten lassen das Weihnachtsereignis besonders angenehm erscheinen (Wohlgeschmack und Wohlgeruch).
- Ketten sind Zeichen der Verbindung, die durch die Geburt Jesu zwischen Gott und den Menschen wieder hergestellt werden soll.
- Kerzen symbolisieren das Licht, das mit Christus in die Welt gekommen ist.
- Christbaumspitzen unterstreichen die apostolische Ermahnung: Strebt nach dem, was im Himmel ist ... (Kol 3,1).

Zu b)

Weihnachtsliederraten (Hörtest)

Die Melodie verschiedener Weihnachtslieder wird mit einem Instrument angestimmt oder einfach vorgesummt und soll von den Zuhörern erraten oder – wenn möglich – mit Text weitergesungen werden. Bei diesem Test kann natürlich auch eine Kassette mit entsprechenden Aufnahmen benutzt werden.

Zu c)

Wir schmücken unseren Christbaum

(Ketten aus Metallfolie und Ramieband)

Material: Metallfolie
Ramieband
Bleistift, Lineal, Schere
Uhu
Plastikdecke zum Abdecken des Arbeitsplatzes

Technik:

Zur Herstellung von Christbaumketten werden verschiedenfarbige Metallfolien- oder Ramiebandstreifen zu Ringen ineinandergeklebt.

Die Glieder einer feinen Kette sollten 1 cm breit und 10 cm lang sein; die einer stärkeren Kette 2 cm breit, 13 cm lang. Ramieband gibt es in diesen Breiten im Bastelladen zu kaufen, Metallfolie müßte von dem Gruppenleiter oder den Teilnehmern entsprechend zugeschnitten werden.

Dicke und Länge der Kette richten sich nach der Größe des Baumes, der damit geschmückt werden soll.

Es kann auch reizvoll aussehen, Ramieband- und Metallfolienstreifen miteinander zu kombinieren oder verschieden breite Glieder aneinanderzureihen.

Zu d)

Weihnachtsgeschichten:

Ein Abschnitt aus Karl Heinrich Waggerls Büchlein „Und es begab sich ..." (Inwendige Geschichten) kann vorgelesen werden.

Lieder zum Thema:

Es ist ein Ros' entsprungen.
O Tannenbaum, o Tannenbaum.
Am Weihnachtsbaum die Lichter brennen.
Kling Glöckchen, klingelingeling.
Süßer die Glocken nie klingen.
Ich steh' an deiner Krippe hier.
Stille Nacht, heilige Nacht.

Krippenbetrachtung:

Die erste Krippe soll von Franz von Assisi 1223 aufgestellt worden sein. In den folgenden Jahrhunderten fand sie ihren festen Platz in den katholischen Kirchen, später auch in den Häusern der Gläubigen.

Erst ab dem 19. Jahrhundert wurde sie von evangelischen Christen übernommen und zunächst in die Familien unter dem Tannenbaum, dann auch in den Gotteshäusern aufgestellt.

(Es macht Freude, wenn an dieser Stelle der Betrachtung ein paar Krippenfiguren ausgepackt werden!)

Mittelpunkt jeder Krippe bilden die drei Hauptfiguren: Maria, Joseph und das Jesuskind

In Anlehnung an den biblischen Bericht werden oft auch die Hirten auf dem Felde (Lk 2,8 – 18) und am 6. Januar die Weisen aus dem Morgenland (Mt 2,1 – 12) dazugestellt.

Ochs und Esel haben eine symbolhafte Bedeutung, die wir im Alten Testament, Jesaja 1, Vers 3 finden: „Der Ochse kennt seinen Besitzer und der Esel die Krippe seines Herrn; Israel aber hat keine Erkenntnis, mein Volk hat keine Einsicht." Wir sollten nicht dümmer sein als Ochs und Esel!

Für alle Seniorengemeinschaften:

Paul Mergast/Gisela Uhlenkamp

GESELLSCHAFTSSPIELE IM SENIORENCLUB

Über 150 spezifisch für Senioren ausgewählte und erprobte Spiele, die Freude schenken und soziale Kontaktaufnahme garantieren.

Eine Fundgrube für Leiter(innen) und deren Helfer in kommunalen, kirchlichen und privaten Seniorenclubs und Altenheimgruppen.

136 Seiten, kartoniert ISBN 3-7698-0433-3